Charles Péguy
sa vie, son œuvre et son engagement.

Alexandre Millerand
André Suarès

© 2024, André Suarès, Alexandre Millerand (domaine public)

Édition : BoD · Books on Demand, 31 avenue Saint-Rémy, 57600 Forbach, bod@bod.fr

Impression : Libri Plureos GmbH, Friedensallee 273, 22763 Hamburg (Allemagne)

ISBN : 978-2-3225-2413-6

Dépôt légal : Décembre 2024

Péguy

Vous frappiez à ma porte et j'allais vous ouvrir ;
Vous veniez le matin en porteur de nouvelle.
Vos mains brunes serraient ma main conventuelle,
Moi, le prieur, et vous, le bon frère martyr.

A mon droit de me taire, à mon art de souffrir
Vous avez pris souvent une part fraternelle.
Vous étiez bien le fils que Notre-Dame appelle,
Et le soldat de Dieu qui veut vaincre et mourir.

Péguy, cher vigneron de la vigne de gloire.
Vous aviez aux souliers la Beauce avec la Loire,
bonhomme de pied et de pain au chanteau.

Vous étiez âpre et juste et plein de bonne haine.
Et vous avez porté sous un petit manteau
Le grand cœur paysan de la Bonne Lorraine.

(- André Suarès)

Première partie

Péguy : son inspiration, son engagement et sa disparition[1].

Ma première rencontre avec Charles Péguy m'a laissé un souvenir singulier. De l'entretien rapide autour d'une table de rédaction je n'ai gardé dans la mémoire que l'accent agressif et colère de trois mots: «Nous vous sommons,... nous vous sommons...» De quoi nous sommait-il, ce petit homme, tout jeune, l'air têtu,... orateur et conducteur d'une poignée d'étudiants, descendus derrière lui de la Sorbonne à la rue Montmartre pour bousculer l'inertie de politiques selon eux trop prudents? Sans doute de nous engager plus à fond dans la bataille où peu à peu allait être entraînée la France entière ?... (A. Millerand).

«Je ne suis nullement l'intellectuel qui descend et condescend au peuple. Je suis peuple.» En ces termes d'une orgueilleuse modestie, Péguy situe exactement ses origines d'où lui vinrent, pour une large part, son originalité et sa force.

Les vignerons et les bûcherons que sont ses ancêtres avaient marqué l'écrivain d'une empreinte indélébile.

Paysan, il l'était jusqu'aux moelles. Il en avait la solidité et l'âpreté, la malice et la méfiance, voire l'allure.

Il s'en est fallu de peu, de bien peu, lui-même l'a conté quelque part avec comme un tremblement rétrospectif, qu'il ne manquât sa voie et ignorât à jamais les délices des humanités. De l'école primaire on l'avait aiguillé vers l'école professionnelle quand un pédagogue de sens et de cœur auquel Péguy en garda une infinie reconnaissance lui ouvrit les portes du lycée de sa ville natale.

Il quitta Orléans pour aller à Sainte-Barbe et de là à l'École normale. Il n'y passa point les trois années réglementaires. La première terminée, il demanda un congé.

Péguy avait la hâte de l'action. Il possédait l'âme d'un chef, d'un entraîneur d'hommes. Ses camarades, ses amis, sentaient son autorité, l'acceptaient, la réclamaient.

Une anecdote exquise, qui se place dès sa première année de Normale, éclaire à cru la physionomie de Péguy, révèle son tempérament, son besoin d'agir et comme pour le satisfaire il sait concilier ce qui eût semblé à d'autres inconciliable. Un de ses camarades l'a décidé à devenir comme lui membre d'une Conférence de Saint-Vincent de Paul. Il y est à peine entré qu'on le supplie d'en accepter la présidence. Grave difficulté. Péguy qui n'a éprouvé aucun embarras à participer aux travaux d'une association catholique n'est pas croyant et il ne s'en cache pas. Or, à l'ouverture de chaque séance, le Président doit réciter la prière à haute voix. Péguy de se récuser. Qu'à cela ne tienne: il entrera en séance après que le vice-président l'aura récitée à sa place.

Jusqu'au bout, Péguy sera l'homme de cette anecdote. Il écrira de la mystique chrétienne avec le respect, l'enthousiasme du catholique le plus docile. Mais il s'écarte des sacrements et il ne va pas à la messe.

Il est républicain, socialiste dès la première heure. Mais personne n'a déployé plus de franchise et de vigueur à fustiger les défauts et les tares du parti socialiste et du régime républicain.

La règle de sa vie qui en fait la profonde unité, il la formule aux premières pages du premier des Cahiers: «Dire la vérité, toute la vérité, rien que la vérité, dire bêtement la vérité bête, ennuyeusement la vérité ennuyeuse, tristement la vérité triste: voilà ce que nous nous sommes proposé depuis plus de vingt mois et non pas seulement pour les questions de doctrine et de méthode, mais aussi, mais surtout pour l'action. Nous y avons à peu près réussi. Faut-il que nous y renoncions?»

Non certes, jamais il ne consentira à y renoncer. Qu'il se soit parfois trompé sur les hommes et sur les choses; que la passion même avec laquelle il traitait des uns et des autres l'ait parfois induit en erreur, c'est une autre affaire. Toujours sur tout et sur tous il a dit, à ses risques et périls, ce qu'il tenait pour la vérité.

A vingt-cinq ans il a déjà édité deux livres où l'on le trouve tout entier tel que nous le connaîtrons tout le long de sa vie, si courte et si pleine.

Jeanne d'Arc, sa première Jeanne d'Arc, si humaine, si attachante, si pitoyable: «fini d'imprimer en décembre 1897.»

Marcel, ou l'utopie socialiste; entendez par là: une construction purement idéale, élevée, sans aucune préoccupation du réel, sur des bases empruntées aux théoriciens du socialisme: «fini d'imprimer en juin 1898.»

Comme s'il eût prévu que son existence serait brève, il se presse. Son mariage à vingt-quatre ans lui apporte une petite fortune que d'accord avec sa nouvelle famille il place aussitôt, il engloutit serait plus exact, dans la fondation d'une librairie. On lira le récit de cette tentative malheureuse.

Elle fut comme le prologue de la création des Cahiers de la Quinzaine. Le volume au devant duquel j'écris ces lignes rassemble quelques-uns de ceux du début.

*

5 janvier 1900. C'est la date du premier Cahier.

Les vibrations de l'Affaire n'ont pas fini de s'éteindre. On vient de vivre des mois, des années en bataille. On n'a pas perdu l'habitude, pour ne pas dire le goût des invectives. «En ce temps-là nous finissions tous par avoir un langage brutal.» Et un peu plus tard, en mars 1900 encore: «On doit toujours dire brutalement.»

Ce qu'on doit dire brutalement, est-il besoin de le répéter, c'est la vérité.

«Qui ne gueule pas la vérité, quand il sait la vérité, se fait le complice des menteurs et des faussaires.» Et l'antienne revient:

«Nous demandons simplement qu'on dise la vérité!»

Quelle stupeur, quelle indignation s'il s'aperçoit que les compagnons de la veille empruntent aux adversaires contre lesquels on avait de concert si ardemment combattu les procédés hier flétris!

«Nous avons passé vingt mois et plus à distinguer et à faire distinguer la vérité d'État de la vérité.»

«Nous fûmes les chercheurs et les serviteurs de la vérité. Telle était en nous la force de la vérité que nous l'aurions proclamée envers et contre tous. Telle fut hors de nous la force de la vérité qu'elle nous donna la victoire.... A présent que la vérité nous a sauvés, si nous la lâchons comme un bagage embarrassant, nous déjustifions notre conduite récente, nous démentons nos paroles récentes, nous démoralisons notre action récente. Nous prévariquons en arrière. Nous abusons de confiance.»

Une des formes, des manifestations de cet amour de la vérité, de ce respect de la vérité, c'est l'amour et le respect de son métier, de l'ouvrage consciencieux et bien fait. Personne mieux que Péguy ni plus profondément ne le sentit. Il a le dégoût, l'horreur du sabotage et des saboteurs. Il a la passion du labeur soutenu, attentif, appliqué.

«Le génie exige la patience à travailler, docteur, et plus je vais, citoyen, moins je crois à l'efficacité des soudaines illuminations qui ne seraient pas accompagnées ou soutenues par un travail sérieux, moins je crois à l'efficacité des conversions extraordinaires soudaines et merveilleuses; à l'efficacité des passions soudaines — et plus je crois à l'efficacité du travail modeste, lent, moléculaire, définitif.»

Plus tard un des graves reproches, justifié ou non, que Péguy adressera à la bourgeoisie, c'est d'avoir donné aux ouvriers l'exemple du travail lâché, décousu, saboté.

Cette tendresse grave, émue, que lui inspire le travailleur, le professionnel, qui aime son métier, qui le connaît, qui vit pour lui plus encore que par lui, on la sent vibrer dans la description si colorée, si vivante, si vraie de ce «Triomphe de la République» dont, acteur et spectateur, il suivit le cortège.

Avec quelle complaisance il énumère «les beaux noms de métier des ouvriers» dont les corporations ont promis leur concours. «Comme ces noms de métier sont beaux, comme ils ont un sens, une réalité, une solidité.»

Cette description si savoureuse du cortège populaire qui se déroula dans les avenues parisiennes en décembre 1899 se clôt, d'une façon assez rare chez Péguy, par quelques réserves. Certains refrains de la journée, «violents et laids» lui trottent par la tête. La dissonance le heurte entre ces paroles de haine et la Révolution qu'il rêve «d'amour social et de solidarité.» Certains incidents de la journée l'attristent mais, le bilan fait, il conclut à la vanité de ses «scrupules de détail.»

Des réserves de ce genre ne se rencontrent point fréquemment chez Péguy. Ce n'est pas sa manière de balancer le pour et le contre, d'hésiter, de faire un pas en avant, un pas en arrière, de marcher et de conclure autrement que tout d'une pièce.

Au cours de l'Affaire, et ainsi fera-t-il en toute occasion, il a foncé droit devant lui, s'étant mis d'abord, dirait-on, des œillères pour n'être pas tenté de dévier et courbant à sa thèse faits, individus et arguments. Le but une fois fixé, il y marche, avec l'unique souci d'entraîner après lui son public en ne ménageant pas les coups à qui tenterait de lui barrer la route.

Aussi est-il un polémiste hors pair, la polémique n'ayant comme on sait que de lointains rapports avec l'esprit critique et le souci de la mesure.

Pour lui tout s'efface momentanément devant la démonstration à parfaire, l'adversaire à démonter.

Elle est de Péguy, de Péguy partant en guerre contre «le mal de croire» qu'il dénonce chez Pascal, cette phrase qui, en tout lieu paradoxale, est sous sa plume extravagante:

«Les treize ou quatorze siècles de christianisme introduit chez mes aïeux, les onze ou douze ans d'instruction et parfois d'éducation catholique sincèrement et fidèlement reçue ont passé sur moi sans laisser de traces.»

Lorsqu'il émet cette assertion déconcertante, il est, comme toujours, d'une sincérité complète. Au moment qu'il la lance, il n'a devant les yeux que le but visé: tout le reste est aboli.

Déjà pourtant il a écrit sa Jeanne d'Arc, sa première sans doute, où il ne laissera pas toutefois de puiser bien des traits pour son

Mystère de la Charité de Jeanne d'Arc. Déjà il est le traditionaliste tourné d'instinct vers le passé pour y appuyer l'avenir.

Il professe «une aversion sincère de la démagogie.»

Il ne se borne pas à la détester. Il lui dit son fait. Avec quelle verve cinglante, quelle profondeur de mépris! Écoutez-le, faisant parler l'électeur:

«J'ai tort, j'ai tort, mais savez-vous, monsieur, que vous êtes un homme singulier. Vous êtes nouveau, vous. Vous êtes un homme qui a de l'audace. Vous m'enseignez des mots nouveaux. Un mot nouveau. Vous prétendez que j'ai tort. Savez-vous que vous êtes le premier qui ait osé me dire que j'ai tort. Quand je vais trouver les conseillers municipaux de mon pays, au moment des élections, ils ne me disent pas que j'ai tort; ils me disent toujours que j'ai raison, qu'ils sont de mon avis, qu'il faut que je vote pour eux. Jamais un conseiller d'arrondissement ni un conseiller général ni un député ne m'a dit que j'avais tort.»

Savourez maintenant ce guide-âne du candidat:

«Il faut faire croire aux électeurs que leur compagnie est la plus agréable du monde, que leur entretien est la plus utile occupation, qu'il vaut mieux parler pour eux quinze que d'écrire pour dix-huit cents lecteurs, que tout mensonge devient vérité, pourvu qu'on leur plaise, et que toute servitude est bonne, à condition que l'on serve sous eux.»

Et la conclusion:

«Un exemple vous facilitera l'entendement. Quand les électeurs de la première circonscription d'Orléans sont convoqués pour élire un député, ils ne se demandent pas qui sera le meilleur député. Car le député d'Orléans n'est pas le délégué d'Orléans à la meilleure administration de la France avec les délégués des autres circonscriptions françaises. Mais, puisque nous vivons sous le régime universel de la concurrence et puisque la concurrence politique est la plus aiguë des concurrences, le député d'Orléans est exactement le délégué d'Orléans à soutenir les intérêts orléanais contre les délégués des autres circonscriptions, qui eux-mêmes en font autant. Le meilleur député d'Orléans sera donc celui qui défendra le mieux le vinaigre et les couvertures et le canal d'Orléans à Combleux. Ainsi se forme ce que le citoyen Daveillans nomme à volonté la volonté démocratique du pays républicain, ou la volonté républicaine du pays démocratique.

«Les députés socialistes que nous envoyons au Parlement bourgeois obéissent au même régime. Ceux qui sont du Midi sont pour les vins, et ceux qui sont du Nord sont pour la betterave. Ceux qui représentent le Midi protègent vigoureusement les courses de taureaux. Mais ceux qui sont du Nord ont un faible pour les combats de coqs. Il faut bien plaire aux électeurs. El si on ne leur plaisait pas, ils voleraient pour des candidats non socialistes.»

Ce robuste bon sens, ce sentiment si vif de l'intérêt national, cette révolte contre les hypocrisies de la farce électorale, ce souci perpétuel de la vérité, ce dédain de plaire aux puissances: nous les retrouvons d'un bout à l'autre de son œuvre.

Il ne m'appartient pas de la juger du point de vue littéraire. Je m'en réfère là-dessus aux études si intelligentes et si pénétrantes qu'elle a déjà inspirées à ses amis, à ses pairs, à ses contemporains et à ses anciens.

Le profane que je suis osera pourtant confesser le plaisir qu'il a pris au divertissement qui termine ce volume. La chanson du Roi Dagobert n'est pas seulement de la drôlerie la plus savoureuse.

La profession de foi, car c'en est une, que Charles Péguy met dans la bouche du Roi Dagobert sur «les deux races d'hommes» est, ou je me trompe fort, une pièce capitale de sa philosophie.

Cet ancien normalien que d'un pseudonyme d'affectueuse gouaillerie ses soldats de la grande guerre, ceux qu'il conduira jusqu'au bord de la victoire de l'Ourcq, ont surnommé «le Pion», cet universitaire a l'horreur du pion.

Il dresse en face l'une de l'autre deux races d'hommes: les livresques et les autres; ceux qui tiennent des autorités pour des raisons; qui ont désappris, s'ils le surent jamais, à penser par eux-mêmes et ceux qui placent au dessus de tout l'indépendance de leur pensée et la liberté de leur raison; ceux qui connaissent les livres et qui ne connaissent qu'eux; pour lesquels les choses ne sont visibles qu'à travers les auteurs—«Cette Voulzie qui existe vous embête»—et ceux qui connaissent les réalités.

Péguy a le dédain, j'oserai dire la nausée des pédants, parce qu'il en a trop vu et aussi parce que sa passion de la vérité et de la réalité s'exaspère jusqu'à la fureur contre l'artificiel, le plaqué et le faux semblant.

*

M'excusera-t-on d'avoir défloré le plaisir que se promet le lecteur de lire continument ce volume, en en découpant quelques-uns des passages les plus significatifs? J'ai cru que Péguy ne pouvait être mieux présenté que par lui-même et c'est pourquoi je l'ai laissé parler.

Sa physionomie ne sort-elle pas de ses confessions avec la netteté et le relief souhaitables.

Ce petit paysan, de pure souche française, vous le voyez se jeter avec avidité sur la culture classique: entendez-le narrer ses émotions devant la révélation du latin et son ravissement à la déclinaison de rosa, rosæ. Il absorbe par tous les pores les leçons de ses maîtres. Tout lui est profit et joie.

Cependant sans qu'il en ait toujours pleine conscience il participe à la vie du dehors.

Né en 1873, il pousse avec la République.

Sorti du peuple, boursier de l'Université de 1885 à 1894, comment échapperait-il à l'attraction des idées socialistes?

Pas plus que bon nombre de ses condisciples, il n'a attendu d'avoir quitté les bancs du lycée pour entendre les voix qui appellent à l'action les jeunes intelligences et les esprits neufs.

Incapable de réserve ni de calcul égoïstes, Péguy se lancera tête baissée dans le tourbillon de l'Affaire. Son tempérament de lutteur, son caractère entier ne lui permettront pas, dans le feu du combat, de discerner les exagérations et les excès qui risquent de mener le parti où l'a jeté sa passion de la vérité à des conclusions dangereuses pour l'intérêt public.

Il lui faudra, pour reprendre son sang-froid, que la grâce, en donnant à sa soif de justice un premier apaisement, lui rende la liberté de regarder autour de lui.

Le soir du «Triomphe de la République,» en descendant des faubourgs, mêlé à la foule, il remarquera qu'on rechante la vieille Marseillaise, récemment disqualifiée.

D'autres choses plus importantes à la vie de notre pays que l'hymne de Rouget de Lisle avaient couru des risques dans la bagarre.

Péguy est trop imprégné jusque dans son tréfonds par ses origines, par son éducation classique du sentiment de l'ordre et de la règle; il a trop le sens des nécessités nationales pour ne pas donner tout son effort à la défense, dans la République et par la République, d'institutions tutélaires.

Le début de ce billet tracé de son écriture si caractéristique, simple, droite et volontaire comme lui, en dit long, dans son apparente sécheresse, sur ses sentiments intérieurs:

«*Jeudi, 11 août 1904,*
«*Sous-lieutenant de réserve, pour vingt-huit jours, au camp de Bréau, sous Fontainebleau,*
prêt à partir en manœuvre, je ne puis ni vous joindre ni vous écrire que cette carte-lettre; je vous demande, pour les premiers mois de la rentrée, un cahier Waldeck-Rousseau;
votre Charles Péguy.»

Les cahiers: c'est l'arme qu'il a forgée pour la défense de ses idées.

Leur lecture même dévoile les difficultés toujours renaissantes au milieu desquelles il ne cesse de se mouvoir pour maintenir sa publication.

Péguy entendait les affaires à peu près comme ces philanthropes qui, enflammés de l'esprit de charité, commencent par créer les œuvres sauf à chercher ensuite au jour le jour les moyens de les faire subsister.

Peut-être ne lira-t-on pas sans intérêt ces deux lettres qui le prennent sur le vif dans sa lutte quotidienne pour l'existence des Cahiers.

« Vendredi 9 juin 1905,
« Mon cher Millerand,

« Cinq abonnements nouveaux hier jeudi; deux abonnements nouveaux ce matin; je ne vous envoie pas ces nombres pour harceler votre attention; je sais qu'elle n'a pas besoin d'être relancée; mais j'éprouve un besoin de me tenir en communication avec vous dans la situation tragique où je me trouve, père nourricier d'une entreprise qui croît de toutes parts et non assuré de la pouvoir conduire de fin de mois en fin de mois jusqu'en octobre.

« Je suis respectueusement, votre Charles Péguy. »

« Lundi 17 juillet 1905,
« Mon cher Millerand,

« Je vous inscris donc pour l'action numéro 46 et votre ami pour l'action numéro 47; par ces nombres mêmes vous voyez que mes recherches n'ont pas été infructueuses; depuis que nous avons dû nous arrêter à la forme de commandite par petites parts, j'ai réussi,

poursuivant mes recherches parmi nos simples abonnés, à recueillir quarante-cinq inscriptions; je vous demanderai désormais de continuer à en rechercher comme je le fais, jusqu'à ce que nous soyons couverts, sous cette réserve que cette recherche ne vous coûte rien de votre temps ni de votre travail; je m'en voudrais d'altérer le repos de vos vacances; il faut que nous soyons tous bons à marcher pour octobre; il est évident que l'année prochaine sera dure et importante;

«En plein mois de juillet, n'ayant rien publié depuis le commencement de juin, nous n'avons pas cessé de recevoir au moins un abonnement nouveau par jour, et j'inscrivais en moyenne une action par jour; tout permet d'espérer que la rentrée sera très bonne et que l'année nous consolidera définitivement;

«J'ai commencé d'écrire hier mon cahier de rentrée; je l'intitule Notre patrie, afin qu'il soit une réponse directe et brutale au livre de Hervé; je pensais d'abord aller vous demander quelques renseignements complémentaires sur les événements récents, mais j'ai réfléchi qu'il valait mieux que je n'eusse point envers vous la situation d'un journaliste et d'un interviewer; je fais donc mon cahier avec les renseignements qui sont pour ainsi dire de droit commun;

«Je suis respectueusement votre Charles Péguy.»

Ai-je besoin de dire que la combinaison mirifique dont Péguy note ici les premiers progrès eut le sort des combinaisons antérieures? Péguy continua jusqu'à la fin de se débattre avec la même candeur et la même foi au milieu d'embarras matériels qui chargeaient lourdement ses épaules.

Ce n'est point trahir le secret d'une intimité qui ne saurait être exposée au jour, c'est achever de faire connaître l'homme simple et bon que fut ce grand lutteur, de dire que Péguy trouva dans la douceur et le calme de la vie familiale la plus unie et la plus heureuse la force indispensable pour supporter les amertumes et les déceptions de la vie publique.

Ce n'est pas par métaphore qu'il cultivait son jardin et c'est en jouant à la balle avec ses enfants, quand il n'avait pas pour partenaire le gros chien familier, qu'il se délassait de ses travaux.

La guerre l'arracha à ses foyers.

Un de ses camarades a raconté les étapes suivies du jour de la mobilisation au 5 septembre 1914 par le lieutenant Péguy et sa compagnie, la 19e du 276e régiment d'infanterie.

Quelques lettres écrites aux siens et publiées à la suite de ce simple et impressionnant récit jalonnent la route.

Péguy s'y montre au naturel: courageux, aimant, uniquement préoccupé du devoir à remplir.

Il tomba, face à l'ennemi, en entraînant sa section contre l'Allemand qu'avant de mourir il eut la joie suprême de voir reculer.

Il repose dans la grande plaine, sous une petite croix de bois où sont inscrits ces seuls mots: «Charles Péguy»; sa tombe est pressée au milieu des tombes des officiers, sous-officiers et soldats tombés en même temps que lui.

Il repose comme il vécut: côte à côte avec ses camarades de combat qu'il excitait de ses exhortations et de son exemple.

*

Il a disparu. Son œuvre demeure, plus vivante, plus puissante qu'elle ne fut jamais.

Les morts mènent les vivants.

Nous avons besoin de nous le redire pour adoucir notre douleur et nos regrets.

Péguy avait tant de projets en tête: que de pages en ses cahiers portent l'indication, l'esquisse d'autres cahiers qu'il veut écrire plus tard.

Ils ne seront jamais écrits. En l'arrachant aux luttes quotidiennes qui épuisent et amoindrissent même les plus nobles combattants, sa mort, cette mort si digne de sa vie, si harmonieuse et si belle, sacre Péguy et lui confère une autorité dont par delà le tombeau il servira encore ses idées et son pays.

L'heure n'a pas sonné où il sera permis sans imprudence, sans risquer d'affaiblir l'union nécessaire, de remuer les problèmes que demain aura pour tâche de résoudre.

On ne se trompe pas cependant en pensant que le souci unanime, à cette heure-là, de tous les bons Français, sera, pour parler comme Péguy, «que la France se refasse et se refasse de toutes ses forces».

Tant de sang pur versé, tant de fécondes existences brisées ne l'auront pas été en vain.

Si l'union s'est établie si rapide et si forte entre tous les Français c'est que, sous des formes diverses, ils poursuivaient l'Idéal dont des siècles de civilisation commune leur apprirent à rêver la conquête.

Catholiques, révolutionnaires, ils étaient, pour reprendre une idée et une formule chères à Péguy, les dévots d'une mystique.

Armés les uns contre les autres, l'agression barbare leur dessilla les yeux: ils se rapprochèrent pour combattre et repousser l'étranger qui menaçait leur Idéal.

La victoire qu'ils devront à leur union pourrait-elle avoir pour premier résultat d'en faire à nouveau des ennemis.

Ce serait pis qu'un non sens: ce serait un sacrilège contre lequel crierait le sang de nos morts.

Écoutons-les.

Ils commandent le respect de toutes les croyances, le souci de toutes les misères, l'exaltation d'une France forte et grande par l'union de ses enfants réconciliés.

Quelle voix aurait plus de titres à être entendue et obéie que celle de Charles Péguy, de l'apôtre de la Cité Socialiste, du poète de Jeanne d'Arc, de l'écrivain, du penseur tombé sur le champ de bataille, dans une juste guerre, pour le triomphe de l'Idéal français.

Deuxième partie

1. La vie de Charles Péguy[2].

I

Peuple soldat, dit Dieu, rien ne vaut le Français dans la bataille.
Et ainsi rien ne vaut le Français dans la croisade.
Peuple, les peuples pharisiens te disent léger.
Parce que tu es un peuple vite.
Tu es arrivé avant que les autres soient partis.

Vigile et jeûne, il est mort à Villeroy, entre Meaux et Dammartin, dans la bataille de l'Ourcq, ce petit homme de France, qui avait tant de vertu, Charles Péguy.

Je dis vigile, pour lui faire plaisir : il aimait tous les vieux mots du calendrier, et il mettait une joie pieuse à ranimer en lui tous les anciens usages. Lui, de son temps comme pas un, et fils de la Révolution plus que personne. Mais il l'était aussi des croisades. Tous les âges de la France avaient en Péguy un héritier docile et ardemment soumis. Il était la tradition naturelle, qui ne s'interrompt pas. Et par le dévouement, qui dans l'objet aimé concilie tout, il était le lien des époques contraires et la présence.

Vigile est la veille du grand service, en liturgie ; et pour ceux qui ne le savent plus, je rappelle que vigile est aussi le nom que l'on donne aux matines et aux laudes de l'office des morts.

Péguy est tombé dans le grand service. Son jour fut la veille de la victoire. Et sa mort admirable est, à mon sens, laudes et matines pour tous nos morts.

Lieutenant, il mène ses hommes à la reprise de la France. Car il faut reprendre maintenant à cet ennemi horrible, à cette vermine géante, le sol même de la patrie, la chair de la mère et la plus proche au cœur. Ici, entre la Marne, l'Ourcq et la Beuvronne, c'est un morceau de l'Île et la France de la France.

Ils vont par bonds dans les avoines. Ils sont à cinq ou six cents mètres de la Bête. Ils ont à faire aux fameuses troupes, qu'en sa jactance, Kluck a laissées derrière lui, pour cueillir Paris, quand la Bête aura dévoré la France, tout entière aujourd'hui dans les armées de Joffre.

À l'abri d'un talus, contre la route de Charny, Péguy et ses hommes font feu sous la mitraille.

Mais il faut quitter la tranchée du chemin creux. Et Péguy s'élance. Il crie en avant ! Il montre le lieu de leur commune gloire et de leur sacrifice, la place qu'il faut payer de son sang, et où il va mourir. Ils courent sous la pluie des balles. Ils sont noirs de poussière et de poudre. Ils ont déjà la terre sur le front et dans la bouche. Les yeux vivent seuls, d'une immortelle vie. La fureur les anime contre leurs assassins : cet ennemi, ce peuple, ces Allemands ne sont que des assassins ; et ils seront des assassins tant qu'ils tiendront un pied de ce sol, tant qu'il ne les aura pas engloutis.

En avant ! en avant ! Il s'enroue à crier. Péguy est debout, dans un feu d'enfer, comme ces démons l'attisent. Le capitaine et l'autre lieutenant viennent d'être tués. Péguy commande. Il fait coucher ses hommes. Et il reste debout. Une balle en plein front le jette contre la terre, et le rend à ce sein qu'il a tant aimé. À son tour, il est couché, ce brave. Il fait le pont entre la France en danger et la France sauvée.

C'est pourquoi ce temps lui appartient. La semaine où nous entrons est la plus sainte de l'histoire. Il faut que tous les Français y soient pèlerins. La France vit par ces beaux morts.

Comment leur rendre gloire à tous ? Comment venir à leurs autels, et les prier ? On les adore : car adorer, c'est prier en aimant. Que chacun de nous choisisse, entre ces morts, ceux qui lui tiennent de plus près. Pour moi, c'est vers Péguy que je me tourne. C'est lui que je visite. Entre les saints de la Marne, c'est lui que j'ai le mieux connu et que je vis le dernier. Et dans le temps qu'il faut célébrer la plus grande victoire de tous les temps, la plus pure et la plus belle, c'est Péguy que je célèbre.

Heureux ceux qui sont morts dans les grandes batailles,
Couchés dessus ce sol à la face de Dieu.

Le samedi soir est venu. Et il n'a pas vu le terrible dimanche, ni le plus beau des dimanches, huit jours après, repos de l'angoisse et certitude du triomphe.

Il est là, le pauvre Péguy, bien plus grand que les cinq pieds de terre qu'il couvre. Il dort dans la poussière encore chaude.

Une nuit merveilleuse. Toute la paix du ciel, toute la douceur, toute la grâce de la France sur ce pays sacré que la Bête a mué en charnier, qu'elle a semé de cendres et de ruines.

Après la journée brûlante d'enfer et de soleil, une fraîcheur délicieuse s'est répandue, pareille à la fraîche paupière après les plus ardentes larmes. C'était la pleine lune, la dernière de l'été. Elle souriait aux dormants, les braves qui avaient combattu et devaient tant combattre encore. Elle bénissait les grands dormants, ceux qui se sont accomplis dans la victoire, et que le combat n'appelle plus.

Il y avait des cris et des râles dans la campagne. L'énorme douleur de vivre et de se défendre contre les méchants, Péguy ne la souffre plus. Il est sauvé.

> *Heureux ceux qui sont morts dans une juste guerre,*
> *Heureux les épis mûrs et les blés moissonnés.*

La mort est partout la mort, plutôt qu'ici.

Le péril de la France, et la vie que les hommes donnent pour elle ont tant de grandeur, que l'horreur immonde de la guerre en est elle-même effacée.

Celle bataille sublime est bien celle du cœur humain contre la machine. Les Allemands doivent mourir et meurent. Les fils de la France ne meurent pas. Tous les morts semblent des vaincus : les saints de la Marne sont des vainqueurs.

Telle est la victoire de la Marne que les Allemands n'osent pas en parler. Armée pour la destruction et pour la proie, cette race impure ne sait pas encore qu'elle a reçu là, le coup profond qui la tuera : elle en a caché la cicatrice ; mais la blessure gagne au dedans : elle en mourra.

Péguy ne croyait pas mourir. Il était parti plein d'espoir, pour vaincre et pour vivre. Il était sûr de la victoire. Il paraissait l'être de la vie. Avec tout un peuple, il allait à la gloire. Il l'a.

Heureux ceux qui sont morts pour leur âtre et leur feu
Et les pauvres honneurs des maisons paternelles.

II

Péguy est le Carlyle de la France, infiniment meilleur que l'autre, plus vrai, plus libre et plus humain. Et bien plus poète aussi. Carlyle est piétiste impénitent : de là, qu'il paraît souvent charlatan de morale ; il enveloppe dans un morceau d'Apocalypse son onguent d'Allemagne. Profondément austère, avec simplicité, Péguy n'a pas besoin de se déguiser en mangeur de sauterelles, en cuisinière de la lande qui prépare le goûter de Macbeth. C'est une âme qu'on découvre et qui ne s'offre pas, une force comme on en trouve peu, dans l'habit de l'homme le plus ordinaire. Il n'est d'abord singulier en rien. Puis, on saisit sa vertu cachée ; et on ne le confond plus avec personne.

Entre Carlyle et lui, il y a la différence de l'Écosse la plus étroite et la plus reculée à la plus large France. L'Écossais n'est qu'un prophète de canton. Quand Péguy monte en chaire, dans son église de village, il est quasi de plain-pied : ni prophète ni sorcier, ne fût-il qu'un petit curé au Val de Loire, il parle à tous les hommes, et le monde entier est au prône.

Je n'en fais point l'incarnation de la France dans la plus grande de ses guerres et dans l'heure la plus héroïque de son histoire. Le temps n'est plus où les siècles et les multitudes s'incarnent à une seule vie. Mais Péguy réalise dans sa personne une foule de vertus françaises. Le Val de Loire n'est pas pour rien le pays le plus classique de la France. Je ne dis pas le plus français, qui sera toujours entre l'Aisne, la Seine et l'Oise. Au Val de Loire, tout est plus ancien même que la France. Tout est gaulois et roman. Dans le délicieux paysage, la forme est déjà latine ; et la lumière en plus d'un rayon est déjà du midi.

Il était de souche paysanne. Ses pères, vignerons en Beauce : lui-même faisait grand cas du vin ; mais il n'en pouvait boire. Sa mère venait du Bourbonnais ; et par elle il était le dernier de toute une lignée de bûcherons. Il a beaucoup bûché et beaucoup cogné, mais non avec la hache, et il a fendu plus de mensonges que de bois.

Il a grandi parmi les gens de métier. Il les a bien connus, pour les aimer et les bourrer, quand ils n'ont pas le cœur à l'ouvrage. Il a vu sa grand'mère faire la lessive au lavoir ; et sa mère, restée veuve, rempailler les chaises qu'elle louait dans la cathédrale d'Orléans. Il n'était bien assis que sur une chaise ou un tabouret. Il aimait les bonnes chaises et les boiteuses aussi. Un fauteuil ne le flattait pas, et l'ennuyait : passe encore le dossier, mais des bras ?

Personne mieux que lui n'a pratiqué la pauvreté, et n'en a mieux parlé. Il l'a honorée. Il ne l'a pas vantée. Il l'a distinguée avec soin du blême dénûment, et il s'est penché sur la misère. Il l'a considérée avec une sévère pitié. Il n'en a pas fait un exercice d'éloquence, ni un texte de rébellion. Il ne pensait pas non plus qu'on dût s'y résigner, et nourrir les pauvres d'homélies. Il est rare qu'on pèse exactement la pauvreté. Péguy ne l'a ni maudite ni bénie. Il en a souffert, et plus d'une fois, il l'a sanctifiée. C'est la loi du vrai pauvre, du pauvre grand et bon. Quand le pauvre ne sanctifie pas la pauvreté, elle le dégrade. La pauvreté est une compagne ardente et redoutable ; elle est la plus vieille noblesse du monde. Bien peu sont dignes d'elle. Et cette dame est la plus grande, quand elle montre un visage tout pur et tout patient.

Il a fait ses études, et il a passé par l'École Normale, comme il eût été dans les ordres. *Sacerdos in æternum.* On ne peut le concevoir sans cette ordination intellectuelle. Il a toujours gardé de l'élève et toujours du professeur. Il n'a pas cessé d'être fils du peuple : mais comme le petit paysan devient d'église, c'est par la Sorbonne et l'Université que Péguy était de la bourgeoisie.

À Paris, il va dans les faubourgs. Il découvre un peuple unique capable de toutes les révolutions, qui les a toutes faites et les fera toutes. Il lie commerce avec les vieux de la vieille, qui ont été de la Commune, et qui ont mis dans la Commune la même âme que leurs pères de 93 dans la fureur de la Révolution. Ce peuple est toujours en puissance du Messie ; il le forme toujours, et toujours il l'attend. Ce qu'on appelle son inquiétude est son génie à vivre. Son désordre est le goût du paradis. Mais il ne gronde pas ni ne meurt sans rire. Et ses filles sont des amoureuses. Sion s'est décrassée dans Athènes de l'humeur fanatique.

Il lit Michelet. Jeanne d'Arc et le peuple de Paris, la France et la justice, le passé et l'avenir, il verse tout dans la même ardeur, comme un noble jeune homme. Et le voici, à vingt-cinq ans, qui passe pour une des forces de la cité socialiste. Le reste de sa vie n'est que les variations de ces thèmes-là. Il a toujours été le même homme. N'est-il pas à sept ans celui qui doit mourir à Villeroy ? Cette mère, qui loue des chaises qu'elle rempaille, elle tient par la main le petit Péguy, et l'assoit près d'elle, sagement, dans la cathédrale, toute pleine de Jeanne d'Arc. Le petit garçon rêve dans la nef. Et le soir vient, quand tout le monde s'en va. Le petit se rappelle les histoires de sa grand'mère qui conte si bien. Hier, les Prussiens étaient là, dans la rue, dans la ville, maîtres du pays. Les vieux en parlent comme du diable. Sont-ce pas les Prussiens qu'a chassés Jeanne d'Arc ? Toute sa vie, toute son œuvre, flottent sous ces voûtes, dans un reste d'encens, tandis qu'une faible lueur demeure et que les lampes de l'autel veillent saintement. Il était déjà soldat de vocation. Il l'a été dans les lettres, dans la politique, dans la morale, en tout ce qu'il fit. Et toujours homme de pied.

Son goût était de marcher à pied. Il faisait les manœuvres par devoir et par plaisir. Je ne sais d'ailleurs pas quel plaisir il eût trouvé à ce qu'il ne devait pas faire.

Il pouvait être capitaine et ne l'a pas voulu, pour n'aller pas à cheval. Il ne savait pas monter, et ne se souciait pas de l'apprendre. Il était de pied et prétendait rester de pied. Ses hommes, d'abord, l'ont pris pour un maître d'école ; et ces railleurs de Paris l'ont nommé le pion.

Ils ne croyaient pas si bien dire ; pion, piéton. Tel pion vaut le roi. Ils ont un peu ri de lui ; puis ils l'ont aimé. Ils le vénèrent aujourd'hui.

III

C'était un petit homme, ni brun ni blond, de couleur indécise. Un peu voûté, la mine assez soucieuse, le corps porté en avant, ne regardant guère autour de soi. La tête baissée le plus souvent, voyant peu, ou laissant le regard s'évader en l'air par le défaut du binocle. Les épaules tombantes, l'air effacé plus que timide ; les jambes courtes, les bras longs. Une assez forte tête, d'un beau dessin, bien ronde et qui demain eût été bien polie : le cheveu déjà rare ; le teint brouillé et souvent jaune, à tout ennui la bile en mouvement. Il était usé par la vie plus que vieilli ; et vers quarante ans, il a commencé d'être malade.

Maigre sans le paraître, et plus robuste qu'on n'aurait cru. Il gardait de la jeunesse dans la tournure. Rien de lourd, on sentait l'homme qui marche et peut marcher beaucoup. Les mains bonnes, sèches et chaudes.

Il avait de fortes mâchoires, l'inférieure bien suspendue, bien accrochée à la charnière, et faite à ne pas lâcher le morceau. Le bas du visage eût été dur sans la bonne barbe, ni soyeuse ni épaisse, de ton incertain, châtaine par temps sec, et les jours de pluie couleur de chaume vieux, de glui plutôt, comme la paille de seigle, tantôt brune, tantôt grise. Cette espèce de barbe est celle des chemineaux. Elle a les reflets de la route.

Les yeux de Péguy démentaient toute méchanceté, même dans la violence. Il avait assez de bonté pour ne pas prétendre à être bon ; mais avec ces yeux-là, il aurait pu faire du mal sans cesser d'être brave homme. Doucement bruns et marrons, souvent éteints, la prunelle lasse ; parfois lumineux, jamais étincelants, ils disaient une vie plus longue que les années, beaucoup de recueillement, beaucoup de souci. Leur propre lueur était celle de l'espérance. Ils avaient aussi la douce malice et la raillerie qui l'est moins ; de loin en loin, la complaisance et même le rire joyeux. Un jour, j'ai vu les yeux de Péguy sur ses enfants, avec quelle pensive tendresse. Leur colère était triste, moins de rudesse que de dégoût. C'étaient les yeux du serviteur fidèle ; ils avaient l'amitié des yeux parfaits des chiens. Telle était la bonté de ces yeux et la foi, que Péguy regardait rarement les gens tout droit, dans la face : il se fût trop livré. Il n'aurait plus été libre ni de vouloir ni de dire non. Or, il était très capable d'un jugement, d'un châtiment et d'un refus. S'il avait fait exécuter un coupable, il ne l'eût regardé en pleins yeux qu'au moment de la mort, pour lui pardonner d'ailleurs plus que pour lui demander pardon. De la sorte, il a paru fuyant à ceux qui ne l'aimaient pas.

Jeune homme, son visage respirait la volonté virile. Il avait le teint de la brique et du sang clair, bien cuit par le soleil. Point de barbe alors, le menton dur, le front brillant, les traits fins et précis, presque roides, pleins d'énergie ; les joues d'une arête vive et simple, il semblait un de ces artisans si vrais et si fermes dans la pierre que les imagiers ont sculptés au porche des cathédrales.

Entêté de son droit jusqu'à nier le droit des autres, et même s'il a pu les méconnaître, il a toujours été vrai. Et jusque dans l'injustice, je le crois juste. La bonne qualité de son âme le défendait de tout péché contre l'esprit. Même confus, il avait les clartés du fond. Il pouvait donc faire erreur sur les faits particuliers, voire sur la personne : dans l'essentiel, il ne s'est pas trompé.

Soldat, il a toujours été en guerre. Il la fit à la mauvaise Sorbonne, lui le premier. Il l'a faite aux politiques en tout ordre. Il l'a faite à l'esprit teuton, dans les écoles et dans les partis ; à la fausse justice et à la fausse égalité ; aux mauvais riches et aux mauvais pauvres ; à l'or qui tue et au travail sans foi ; à la matière et aux outrages de la matière, quand elle se vante de faire le bonheur de l'homme sans l'esprit, et l'honneur de la vie sans cœur ni sacrifice. Il était né pour être l'aumônier de la République et son directeur de conscience.

Ces hommes de pied, qui marchent à petits pas pressés, en route du matin au soir, et qui ne relèvent pas leurs moustaches d'un air avantageux, ils sont les forts soldats de l'action.

Qu'on ne nous gâte pas Péguy par l'excès des louanges, et ce misérable encens qui n'est point la pure larme du désert, ni la myrrhe de Smyrne. Péguy n'était pas le plus grand écrivain de la France, ni le plus beau poète de son temps. Mais il était Péguy, grand par la force, grand par la conscience et par le caractère. Il était le premier des soldats qui écrivent, et le premier entre les artisans qui pensent. Peu d'hommes ont agi sur leur temps plus que lui. Il avait des disciples et des fidèles. Ils étaient avec lui comme des ouailles. Il leur expliquait le texte des événements, et leur éclairait le cours de la vie. Il était guide, clerc et maître d'école.

Sa gloire doit grandir. Son mérite sera toujours plus évident. Il survivra à la plupart de ceux qui lui survivent. Il est plein de sens, dru et solide. Il parle beaucoup, mais non pas pour ne rien dire. Son limon roule de l'or.

L'homme brave que ce fut ! Le fort petit homme que ce Péguy. Le loyal serviteur ! Quel pasteur de peuples eût été Jaurès, s'il eût voulu de Péguy pour conscience.

Et enfin, plus d'une fois, il a eu du génie.

IV

Péguy a toujours été religieux.

Croyait-il ? ou comment a-t-il cru ? et à quoi ? L'incrédulité lui était insupportable. Pour vivre, il lui fallait une foi. À ses yeux, la foi était le fondement de la justice. Il ne parlait pas religion ni Église aux mangeurs de prêtres, et moins encore aux prêtres pendant longtemps. Il se fût mieux accordé avec les incrédules qu'avec les pharisiens et les dévots.

Le plus grand des catholiques, et le plus intelligent que je sache aujourd'hui, me disait un jour : « Mais enfin, qu'est-ce que Péguy ? et que veut-il ? Ses enfants ne sont même pas baptisés, et il les voue à la sainte Vierge. Je n'y comprends rien. » Péguy n'était pas tant de Rome que d'Orléans et de Paris. Il y avait en lui de ces vieux Français qui, avant la Réforme et le Concile de Trente, gardaient un contact direct avec Dieu et Jésus-Christ. Rien n'est plus sensible dans Jeanne d'Arc elle-même. Elle n'est pas obéissante : elle n'eût rien fait, si elle eût obéi. Le seul jour où elle a dû obéir, elle s'est reniée. Et elle est morte dans le feu pour se punir du reniement, la sublime jeune fille. Péguy n'a jamais pardonné à l'évêque.

Le fond du vrai saint est une relation directe du fidèle, qui aime Dieu infiniment, avec le Dieu de sa foi, un droit entretien, intime et personnel, entre la créature aimante et le Créateur infiniment aimé. Je ne sais où la religion de Péguy l'eût conduit. Je suis tenté de croire qu'il eût été le fils soumis de l'Église à la mesure où l'Église eût été une mère moins heureuse et moins avouée.

L'Église triomphante eût trouvé Péguy de plus en plus rebelle. Il était homme à mener sa grande affaire pour la vie et pour la mort avec Jésus directement et Dieu le Père. Et d'ailleurs il avait toujours Jeanne d'Arc pour lui.

Il ne faut du tout se figurer que Jeanne d'Arc est pour Péguy un sujet littéraire. Jeanne d'Arc est l'œuvre de toute sa vie, son devoir, sa mission. Il se regardait vivant et né pour Jeanne d'Arc, comme Joinville pour saint Louis.

Son premier livre, à vingt-cinq ans, est une Jeanne d'Arc. Il m'avouait qu'il écrirait sur Jeanne d'Arc toute sa vie, dût-il vivre cent ans. Vingt autres volumes ne l'effrayaient pas, ni trente. Il mettait tout en Jeanne d'Arc. Il transposait tout en elle, comme sur le plan d'une réalité supérieure. Jeanne d'Arc enfin était à Péguy la France toute présente dans sa Passion. Le vrai chrétien vit sans cesse dans la passion de Jésus-Christ. Péguy ne cessait pas de vivre dans la milice et la passion de la Bonne Lorraine.

Toutes ses autres œuvres, ses pamphlets, ses discours, ses harangues à soi-même et sur lui-même, ne sont que les combats et les escarmouches de sa sainte Jeanne au vingtième siècle. Il faisait campagne à son exemple, comme elle a guerroyé. Et toujours pour la justice, pour le bien du royaume et pour ses voix.

Profondément religieux, il était né hérétique. L'hérésie est la vie de la religion. C'est la foi qui fait les hérétiques. Dans une religion morte, il n'y a plus d'hérésies. À la vérité, Péguy a été l'hérétique de toutes ses religions, moins une : Hérétique de la foi socialiste ; hérétique de la Sorbonne ; hérétique en fait d'imprimerie, où il a gâté tant d'amour pour le livre et la belle lettre, par deux ou trois partis pris incurables ; hérétique même de l'Église, puisqu'enfin il avait sa façon propre d'être chrétien, et qu'on dispute encore si ce grand catholique était vraiment catholique ou ne l'était point.

La France, fille aînée de Dieu et mère sublime des nations, telle est la seule religion de Péguy, où il ait été sans hérésie. Personne, depuis Michelet, n'a eu toute l'histoire de France plus chevillée à l'âme. Non pas qu'il la connût mieux ni plus à fond que tant d'autres : mais il vivait en elle. La culture de Péguy est tout historique.

Il a été juste pour les Juifs, ce qui est si rare : il ne les flattait pas, et il aurait eu honte de les outrager.

Au delà de tous reproches, il a su voir le fond immuable d'Israël, dans les prophètes et l'Évangile : là, en effet, l'esprit calme qui juge et ne rejette rien, saisit l'extrême effort de l'homme, et le plus extraordinaire, pour se tirer de l'instinct animal, et pour sortir de l'espèce. On peut supposer des fourmis géomètres et des abeilles capables de toute mécanique. Mais l'homme seul peut vivre pour l'amour de ce qui n'est pas lui-même ; et pour la paix en Dieu, qui est le nom mystique de la justice. La guerre des Boches est celle de la Bête contre l'Évangile, et du Barbare contre Rome.

Polyeucte, chef-d'œuvre de l'esprit humain ; Victor Hugo, l'Homère de la Grande Armée ; et Pascal, le puissant chrétien qui met tant de génie à croire : quel zèle inépuisable en Péguy pour ces œuvres héroïques, et le grand style à la française.

Vénération du latin ; et une sorte de culte, à la fois, pour les Grecs et pour les Hébreux, peuple de la Bible : rien ne manquait à la culture de Péguy, c'est celle de la France à travers les siècles.

Or, il admirait dans les Français tous ses modèles ensemble, les Grecs, les Israélites et les Romains, Sophocle, les prophètes et la langue de l'Église. À mon sens, rien n'est plus vrai. Le

Français a ces trois racines. De là qu'entre tous les hommes, il est le peuple humain. Voilà pourquoi Dieu les aime tant, ses Français, dit Péguy.

Il est l'homme du bon travail.

Né parmi les gens de métier, ayant beaucoup vécu avec eux, il connaît et il aime par-dessus tout le bon ouvrier. Il déteste le mauvais ouvrier, qui gâche la matière et l'ouvrage. Le mauvais ouvrier est l'homme sans foi.

Péguy dirait volontiers : Celui qui n'a pas de conscience dans le métier qu'il fait n'est qu'un bourgeois. Tandis que le bourgeois, qui fait bien ce qu'il fait et le veut toujours mieux faire, celui-là est un bon ouvrier. Telle est bien la morale de la France et l'égalité française : celle de la conscience et celle du talent : parfaits artisans ou grands artistes, parfaits soldats ou grands chefs de guerre, tous sont égaux en noblesse pour vivre et pour mourir : ils savent ce qu'ils font et le veulent bien faire : ils se comprennent les uns les autres : ils se jugent entre eux et ils acceptent d'être jugés, tous libres, tous nobles, tous de plain-pied avec l'édifice qu'ils bâtissent, que ce soit la cathédrale, la prose ou la patrie. Il n'est pas d'autre République.

V

Œuvre étrange, celle de Péguy. Ses livres commencent toujours et n'ont jamais de fin.

Il pense par digressions ; et son texte vit de commentaires. Faire route, pour lui, c'est dériver. La seule unité de ses œuvres est sa propre unité.

Cent commencements, et pas de fin : beaucoup de gens s'y perdent. L'œuvre de Péguy les déconcerte. Mais elle retient ceux qu'elle a conquis : ils n'ont pas une œuvre d'art entre leurs mains : ils ont trouvé un homme. Et faits à cette voix, ils en cherchent l'entretien.

Il semble manquer de goût, et n'a jamais de mauvais goût. Il bavarde ; il rabâche. Ce discours est interminable, et on finit par ne pas le juger inutile. Il multiplie les mots, et n'est pas redondant.

On croit qu'il radote ; et il se raconte lui-même dans la radoterie. Il faut bien qu'on le lui pardonne : ses redites disent encore ce qu'on veut savoir de sa pensée et de son sentiment. On ne perd pas le temps avec lui. On sait qu'il fait comme il parle. Il est inépuisable en coups de marteau : toutefois, il enfonce le clou. La répétition chez lui n'est point vide.

Un sonnet même ne lui sert qu'à commencer un autre sonnet ; et dans le second, le troisième : ils sont engagés les uns dans les autres non pas seulement par les idées, mais par les mots.

Jamais homme mieux doué pour agir n'a eu moins d'action dans la forme. De même que le sonnet n'est pas un poème bien fini pour lui, le drame pour Péguy n'est qu'un chapelet de méditations.

Il est fort capable d'asseoir l'un en face de l'autre deux personnages qui monologuent à l'infini, chacun pour son compte, et tous les deux pour le compte de Péguy, sans se répondre, sans même s'écouter. Et ils appellent dialogue ce discours doublement singulier.

Dans ses livres, il est une manière d'enquêteur et de juge, qui prend sa conscience à témoin de lui-même et des autres. Il consulte et il médite tout haut. Il ne tarit pas de peser les témoignages. Il a toujours le temps. Et comme il est seul, il a aussi l'espace. Le besoin de modeler et de fondre la statue est ce qu'il ignore le plus.

Fort souvent, il fait penser au poète ou à l'orateur qui prépare, en marchant, le discours qu'il doit prononcer tout à l'heure devant une assemblée. Il a le génie du sermon familier.

Il va, il vient ; il s'arrête, il repart, il revient ; il passe de souvenir en souvenir, d'idée en idée ; il se répète dix fois, cent fois, dix mille, tant qu'il croit avoir une nuance à exprimer : il ajoute à l'expression, eût-il atteint la meilleure : il n'ôte jamais. Il interpelle ses gens ; il les gourmande ; il rit avec eux ; il leur baille le fouet ; mieux, il s'entretient avec son propre sujet ; il cause avec les idées supérieures qui l'animent. Il n'en finit plus ; il s'étend, il se traîne ; il se perd. Et pourtant ses sables mêmes valent qu'on s'y fixe ; et son limon a le prix de la limpidité.

Péguy est un vaste bras de Loire, avec ses îles, ses bancs, ses joncs et son inondation. Il est plan. Il est statique. Il est sillons, cours insensible, plaine de fleuve à l'infini.

Son expansion monotone déborde les rives. Il n'a point de relief, mais il a de forts remous. Il n'est pas musicien : l'harmonie lui est étrangère ; mais il a la force d'un chant naturel, le grand bruit d'une rivière sous les ponts, ou le murmure de la brise méridienne qui passe dans les hautes céréales.

Et cette eau est vivante. Elle mire le ciel du doux pays. Quelques-uns des plus beaux paysages se déroulent, avec lenteur, au long de ces molles rives. La lumière les pare et les modèle ; et ils s'y offrent de toutes parts, avec simplesse, tout bonnement.

Avec une conscience si difficile, Péguy a la maladie du scrupule. Il est sensible à la moindre nuance du sens qui sépare les mots. Pour lui, il n'y a pas de synonymes. Il n'en est pas pour l'artiste : mais l'artiste se décide. Péguy ne saurait. Il veut laisser à sa pensée tous les tours et toutes les inflexions de la conscience. Il ne choisit plus. Il donne donc toutes ses variantes. Le scrupule achève en lui le système de la digression. Et voilà ses litanies.

L'art d'écrire n'y trouve pas son compte. Cependant cette forme est oratoire : elle est un miroir de la pensée qui se cherche, qui naît et se confie.

J'imagine qu'il s'est mis au régime des vers réguliers par discipline, et pour tenir enfin la bride à sa continuelle digression. Il a d'abord choisi la forme du sonnet, parce qu'elle est la plus stricte. Il n'a pas pu s'y plier une seule fois, ni tout à fait selon les règles. Le frein qu'il voulait se donner l'a poussé plus avant dans son vice. Telle est la vengeance de la nature sur la volonté, dans les âmes fortes. Le sonnet l'a conduit à la rime fréquente, et la rime à la manie. Car la manie est une inclination naturelle qui n'a plus de limite. La rime est la grande tentatrice.

Il avait cette idée que sa prose, toute bonne qu'elle fût, ne valait pas ses vers. Il n'osait pas ne plus croire aux genres, et à une hiérarchie des œuvres. Un roman, selon lui, ne pouvait s'égaler à une épopée, ni la comédie aux chefs-d'œuvre tragiques. Qu'un livre en prose pût être le plus beau des drames, il ne l'eût pas accordé. Il est vrai qu'un de ses beaux vers vaut mieux que sa prose : mais il a beaucoup de bonne prose, et peu de beaux vers.

Pour aller au fond, je dirai de Péguy comme de nous tous, aujourd'hui, qu'il excelle surtout dans la forme qui est celle de notre temps, et notre création propre : qui n'est ni la prose ni les vers, mais plutôt l'un et l'autre.

Cette forme nouvelle, qui varie avec chaque poète, et qui en épouse si ardemment le génie, est la plus forte création de l'art français, depuis la prose du dix-septième siècle. On la voit naître dans Rousseau et dans Chateaubriand. Elle prend conscience d'elle-même avec Baudelaire. Elle est déjà un moyen d'expression admirable dans Flaubert. Et Raimbaud en a fait cet instrument inouï jusque-là, le grand alto sonore sur lequel il a joué ses fragments, où le délire sacré étouffe par malheur le génie.

Il m'a dit une fois qu'il rimait avec un répertoire des rimes, et qu'il avait mis dans un poème toutes les rimes, sans en passer une, de deux ou trois des consonances les plus fréquentes en français. Il l'avait voulu ainsi. Mais je ne suis pas sûr qu'il aurait pu faire autrement. Il justifiait son penchant par toute sorte de bonnes chansons : les Chansons de Geste et les laisses sur une seule rime.

Quand il choisit, il est gêné et contraint dans ses choix. Et lui, l'homme le plus d'une venue et le moins mandarin, il est parfois obscur : en deux ou trois passages, il rappelle même Mallarmé, de qui il est l'antipode.

Un jour donc, je lui conseillai par jeu de lire Mallarmé. Je n'ai jamais su ce qu'il pensait du fameux poète sibyllin, et il ne m'en a pas dit son sentiment. Mallarmé est ce qu'il y a de plus étranger à Péguy, en toutes choses. Mallarmé est l'artiste pur, séparé de la vie. Son art se révèle à un très petit nombre de sonnets, qui sont d'étonnantes merveilles. Mallarmé est le mage, grand maître de l'œuvre poétique, éternellement penché sur son alchimie.

Péguy est tout le contraire. Il a une foule de vertus et de mérites, où Mallarmé se fût défendu de jamais prétendre. Péguy est dans la vie et la politique aussi pleinement que Mallarmé en veut être absent. Mallarmé est le mandarin retiré de tout dans son ermitage. Péguy est le soldat dans la guerre, et chacun de ses livres est sa bataille.

Son génie de la digression et du soliloque, sa force morale et l'ardeur de sa conscience s'exercent librement dans le pamphlet. Il y est à son aise : sa bonhomie, son air de vieux maître à penser, sa verve de curé, même dans l'invective la plus âpre, donnent à ses satires une saveur rare. D'ailleurs, il ne sépare pas les hommes des idées. Dans la politique, il est clair que les idées ne sont rien sans les hommes. Bien des mensonges se dissipent, quand on touche les menteurs au fer chaud de ce principe.

Péguy peut être fort dur, quand il accuse et qu'il s'indigne. Il a le trait grand. Il meut de forts propos et des idées vaillantes contre de petites gens. Il semble donc démesuré à ses adversaires, qui sont médiocres. C'est un trait de grandeur, c'en est le sens et la marque, de donner de hautes proportions à de petits ennemis.

On n'est point français, si on n'a de l'esprit. Le plus puissant génie, s'il n'est pas spirituel, il est de France moins qu'un autre. Ce don est celui d'Athènes et de Paris. Shakespeare, s'il a tant d'esprit, c'est qu'il est tout vif un Celte. Il y a plus d'esprit dans une page de Montaigne ou de Pascal que dans tous les livres allemands. Gondi a tant d'esprit qu'on ne prend plus garde à son génie. Péguy avait de l'esprit : il était plein de malice villageoise.

Le pamphlet ne va pas sans violence. Il est sans règle : il s'en fait une de l'excès. Dans cette guerre de partisan, l'ennemi n'est que le sujet du discours : on est contre lui l'avocat de soi-même et de la cause qu'on soutient. L'auteur du pamphlet est souvent plus présent au pamphlet que l'objet, et plus nécessaire. On peut tout dire de soi contre un autre.

Très libre et très amant de la liberté, Péguy est pourtant trop religieux pour être tolérant. Il a des vérités et des certitudes. Et celles qu'il n'a pas, il veut se les donner : c'est pour n'en plus douter surtout qu'il manque de tolérance. Il ne tolère pas sa secrète hésitation.

Une vérité qui se démontre se passe d'assentiment. Le vrai géométrique est évident : il suffit qu'on soit capable d'en voir l'évidence. Mais les vérités morales, qui prétendent gouverner l'action, n'admettent guère l'humeur tolérante. La force du caractère porte à rejeter avec violence ce que la force d'esprit s'amuse d'accepter.

Pour les gens de foi, l'excès d'esprit est un danger. Avoir extrêmement d'esprit, c'est jouer au-dessus des idées, et jouer d'elles aussi. Enfin, l'on joue avec soi-même. De la sorte, avoir de l'esprit, c'est être souverainement libre. Le souverain fait toujours ombrage à quelqu'un. Péguy ne pouvait aller jusque-là : il avait un dessein, en dehors de l'esprit même.

Entre *les Provinciales* et les pamphlets de Péguy, il y a l'abîme de la forme parfaite à la forme diffuse. Mais Péguy ne disparaît pas devant Pascal : parce qu'on sent toujours l'homme libre, et l'indépendance du caractère, qui ne cède ni à l'intérêt, ni aux puissances, ni à rien qui ne soit la vérité de l'esprit. Ces hommes-là sont sûrs d'avoir la vérité, l'étant de mourir pour elle. Qu'on ne se fie pas à leurs avances, ni aux menues concessions qu'on leur voit faire : ils s'effacent, quand il le faut ; mais ils n'abandonnent que le lieu où ils ne sont déjà plus. Ils ont leur for intérieur, où ils se retirent, et qui est leur citadelle. Il serait plus sage de soupçonner leur franchise, que de croire à leur complaisance.

Toutefois, Pascal est l'antipape dans l'Église où Péguy est le frère mineur.

VI

Il venait de bon matin, et le plus souvent par la pluie. Il avait le parapluie dans une main ; de l'autre, il ôtait son manteau. Un chapeau de feutre noir, usé et assoupli à la tête de l'homme, un chapeau de tous les temps, comme on en a toujours porté, hier et aujourd'hui. Péguy n'était pas à la mode. Le noir était sa couleur : sa cravate même était noire. Ses pantalons n'avaient jamais le bon pli, et faisaient bosse aux genoux. Il avait de forts souliers, larges, bien cirés ; mais il venait de la campagne, et il lui en restait de la boue rouge et jaune qui n'est pas de Paris.

Quand il entrait, nous reprenions un entretien laissé depuis huit ou quinze ou vingt jours. Comme un signet dans un livre rend le lecteur à la page, un regard rétablissait entre nous le texte de la vie, avec ses soucis, ses grandeurs, ses ivresses, et notre part à chacun dans la terrible affaire. On ne parle que d'œuvres et d'idées : mais chaque mot est nourri de vie réelle.

Il n'avait pas la voix forte, mais un peu molle, et le souffle court. Son accent était d'Orléans, très bon, très pur, sans faute, et un peu mol aussi. Son débit assez lent et monotone ; mais saccadé au contraire, et très vite, quand il était en colère : et la colère en lui sortait de l'indignation. Même alors, un petit défaut de langue amollissait sa diction. Sa force n'était pas sensible du premier coup.

Il pouvait être très méprisant, étant très volontaire ; mais non dédaigneux. Le dédain n'a jamais été dans ses mœurs : il était trop dans l'action, et trop homme de peine.

Il avait un immense orgueil, paterne et familier avec ses disciples : il les eût appelés volontiers ses grognards. Il s'en voyait partout : pour le moins, en tout lecteur des « Cahiers. » Et quel homme digne de ce nom, eût pu ne pas les lire ? Il croyait fermement que « les Cahiers » sont le monument capital de la pensée au début de ce siècle. Il prenait avec ses jeunes amis le ton de Bonaparte maître d'école. Il ne mettait pas sa main dans son gilet, ni son feutre noir en tricorne : mais il disait « mon petit » à de hauts gaillards, chauves parfois ou parés de cheveux gris : il leur eût bien pincé l'oreille, s'ils n'avaient eu la tête de plus que lui.

J'aimais de le voir près du feu, étendre les mains pour les réchauffer, et me donner nouvelles de la campagne. Pauvre Péguy.

Je m'informe toujours des arbres et des prés, que j'ai connus une fois. Il soufflait. Il faisait de la buée en parlant. Il essuyait ses verres avec soin, et ses yeux. Le sang venait à ses joues. Il tournait sur lui-même, deux ou trois petits tours ; puis, il s'asseyait sur le bord du fauteuil.

Il semblait toujours pressé. Et il s'attardait pourtant. Toujours affairé, mais du loisir pour la seule affaire qui compte, laquelle est le salut. Il parlait de Dieu dans le sens de Renan. (Taine et Renan n'ont pas cessé de le hanter : dont je m'étonne.) Et Renan, sans le vouloir peut-être, a parlé de Dieu dans le sens de l'Église, telle qu'elle n'est plus, mais telle qu'elle fut dans les siècles vivants de la foi. Je ne puis m'empêcher de sourire, quand je mire en moi-même les contrariétés et les différences qu'on remarque dans les hommes, et qui se réduisent à l'opposition des amours-propres et des caractères : à la plus mince variation dans la courbure des miroirs. Le cristal ou le métal est le même : il suffit de corriger l'inflexion de la surface. L'intérêt politique est la courbure qui déforme le plus les images. Péguy m'a été bien cher : je n'ai pas vu un autre homme sortir plus décidément de la politique pour aller plus droit à la vérité générale, purgée d'amour-propre.

Telle a été notre amitié, qu'elle est restée un secret pour tout le monde, et pour nous-mêmes. Nous n'avons jamais eu l'occasion ni le besoin de nous en faire l'aveu. Mais il savait qu'il pouvait tout me dire, et tout me demander. Il savait aussi qu'à ce point là je ne refuse rien. Je dirai peut-être un jour tout ce qu'il me fit entendre, sans m'en jamais parler. À la vérité, il régnait entre nous une virile confiance, et pas la moindre familiarité.

Quand il n'était pas assez libre de son temps, il gardait sa cape, ce manteau de l'Occident : la cape, à peu de chose près, est le vêtement du moine, du soldat, de l'écolier, de l'ouvrier et même de la femme. Là dessous, Péguy était bien le frère mineur et le maître d'histoire que je savais. Mais un jour que je lui cherchais en moi-même une autre ressemblance, il ôta son manteau. Tête nue, la barbe sans couleur, sur la forte mâchoire en avant, le corps nerveux et grêle, ce teint jaune, ces bons yeux, la loupe sur une joue, le front poli, et sa large bouche ouverte sur une malice que j'entends encore, j'admirai soudain, en Péguy si français, tout ce que je me figure d'un vrai petit homme russe à la Tolstoï, un Karataïev de Paris et d'Orléans. Une fois de plus, je saisis le nerf immortel de l'Alliance, et comment la nation paysanne de l'Ouest est unie au peuple paysan de l'Orient.

Il semblait âpre, et n'était point avare. Il était pauvre. Quand le pauvre n'est pas prodigue, il est économe.

Il était retors, mais sans astuce. Il demandait beaucoup pour avoir un peu. Il ne pensait pas à lui, mais aux « Cahiers. » Qu'aurait-il fait du luxe ? Il vivait pour la gloire. Est-ce que la gloire n'est pas la couronne des saints ? Les héros la ravissent à tout prix, et les saints l'attendent.

Circonspect, minutieux, prote soigneux, homme qui corrige des épreuves jusqu'à la dixième, l'œil myope rivé à la page écrite, je n'oublie pas l'imprimeur dans Péguy. Ce métier fut le sien. Il en avait l'orgueil et la vocation. Il a beaucoup bêché dans les casses. Les lignes ont été ses sillons ; et les presses, ses charrues. Il s'est usé les yeux sur les épreuves. Pendant longtemps, il a corrigé lui-même et mis en pages tous les livres qu'il publiait. Correcteur acharné, il faisait la chasse aux lettres cassées, à l'œil douteux, aux virgules sans pointe. Et le livre achevé, il le vendait dans son échoppe : il liait des paquets, il nouait la ficelle, il collait des adresses ; il faisait le commis de librairie et le petit libraire.

Peu de préjugés et nombre de bizarreries : elles tournaient à l'habitude. Il avait des manies, et s'en est su gré toujours davantage.

Il tendait un peu à l'infaillibilité. Mais si bonnement ! Il ne demandait peut-être pas que l'on y crût, mais qu'on eût l'air d'y croire. Il eût persévéré dans l'erreur avec force. Il n'a jamais été loin du fagot.

D'ailleurs, il n'était pas son propre dieu. Dans tout ce qu'il voulait, en tout ce qu'il pensait, il ne faisait pas un dieu de lui-même : il était avide qu'on eût les mêmes dieux que lui, impatiemment.

Ni pessimiste, ni dupe. Il était un peu misanthrope, si l'on entend par là qu'il jugeait les hommes sans indulgence. Il avait la dent fort dure, surtout pour ses amis. Après tout, le misanthrope est celui qui aime le plus les hommes. Il ne se plaint d'eux, il n'est trompé que pour leur avoir trop fait crédit.

Péguy n'était pas sans amertume. Il avait fait une expérience ingrate du succès et de la vie. Il ne croyait guère au désintéressement des hommes, ni à leur modestie, ni à leur bonne foi, Il les avait trouvés aigres, jaloux, pleins d'amour-propre. Ce que chacun pourtant perdait dans son estime, il ne laissait pas de le rendre à tous. Il était misanthrope par amour.

S'il a été injuste ou violent, le principe de ses erreurs fut toujours légitime : à une faiblesse près : il exigeait trop de ses amis. C'est pour les ennemis secrets et les demi-amis qu'il avait le plus de ménagements.

À la racine de son honneur, il y avait plus que l'honneur même : l'amour de la vérité mène assez loin dans la violence. On est plus vrai en doutant de l'être, qu'en l'étant au service de Dieu.

Il a pu paraître à la fois ambigu et tyrannique. Tel que je le vois, moi qui, en tant d'années, ne l'ai presque jamais vu que seul à seul, il ne devait être à l'aise avec personne. Le drame de sa conscience l'obsédait. Il en a trop souffert, pour ne pas faire souffrir les autres. Il a blessé d'anciens amis qui ne le suivaient pas. Lui-même leur demandait de le suivre, sans savoir jusqu'où il irait, et jusqu'où il devait être suivi. Péguy a dû imposer sa volonté avant de bien mesurer ce qu'il voulait lui-même. Il s'assurait de soi en faisant violence aux autres. Il exigeait d'eux une adhésion parfaite, qu'il ne se donnait peut-être pas.

Mais il a toujours été un esprit libre. Juste, par goût et passion de la liberté ; et injuste, librement. Tout au plus, était-il capable de contraindre, pour n'être pas contraint. C'est qu'il savait la guerre des hommes entre eux. Et soldat, il a toujours fait la guerre.

Péguy a vécu noble et libre. Il n'a jamais plié devant les partis, pas même devant le sien. Il n'a point donné de gages, même à ses partisans. Les « Cahiers » avaient toujours faim, et il cherchait partout pour eux un plat de lentilles : mais il n'a pas cédé, ne fût-ce qu'un instant, son droit d'aînesse, qui est le droit d'être libre.

À mesure qu'on est plus Français, on est moins partisan. On est moins docteur, à mesure qu'on est plus libre. Et à mesure qu'on est plus homme de France, on est plus humain. On passe alors pour ingrat.

Avec l'esprit de parti, je crois qu'il s'est débarrassé de la morale, qui est aussi un parti. On n'a pas besoin de morale, quand on est tout conscience. On a bien assez de liens.

La morale est une superstition comme une autre. Les Allemands se vantent d'être les plus moraux des hommes. Rien ne compte que d'être libre. Rien n'est pur que la liberté intérieure. Rien n'est fécond comme le risque où la liberté nous engage. Et se rendre libre est la seule morale. Être libre à ses risques et périls, voilà un homme. On n'est point libre, si on doit l'être au dam et aux dépens d'autrui. Quand on a une conscience. Les Allemands, qui sont moraux et sans conscience, ne peuvent même pas concevoir la vraie liberté. La plus haute liberté réside dans le sacrifice de soi, quand on s'immole à quelque grandeur véritable, qu'on préfère à tout intérêt. Il n'y a pas de liberté qui passe celle des héros et des saints, si ce n'est celle de l'artiste.

Péguy avait le sens de la sainteté, qui est si rare. Comme il aimait les saints ! Mais il lui fallait une sainteté militante. Il honorait la cellule, mais bien plus le combat. Jeanne d'Arc était donc sa patronne, son modèle et son culte. Quelle sainte égale celle-là ? Elle est la puissance et la bonté ; le tranchant de l'épée nécessaire, le soc de la justice ; et la douceur de femme qui, même vierge, est faite pour guérir, pour nourrir et pour donner du lait. Jeanne est vraiment la France : une énigme pour les Allemands. Et elle n'est pas plus le miracle que la France même, qui est tout miracle.

Il avait du bizarre, du baroque même, et n'était pas sans complaisance pour sa bizarrerie. C'était son coin de vanité. Qui n'a de ces restes puérils ?

La forte volonté a cette faiblesse : elle se met dans les riens.

Son écriture était rare et singulière : droite, haute, étroite et pourtant ronde, la plus régulière que je sache : toutes les lettres du même point, les jambages réduits et tronqués comme si la ligne tenait entre deux filets de plomb. Chaque mot séparé de l'autre par un large espace, mais toutes les lettres du même mot liées entre elles. Trois mots dans une ligne, dix lignes dans une page : le blanc régnait sur le texte. Et le texte même semblait du blanc sur du blanc : dans ses lettres, ni pleins ni déliés ; on eût dit qu'il ne se servait ni de plume ni d'encre. Son manuscrit semblait tracé à la pointe d'une aiguille sur une feuille de métal. Écriture appliquée, ambitieuse, volontaire, de style ancien, où il y avait de l'Encyclopédie et du XVe siècle.

Rue de la Sorbonne, sa boutique était une vedette, un cul-de-sac et un passage. Un poste d'écoute, pour veiller sur la maison de Sorbon, pour la défendre ou la rappeler à l'ordre, selon les cas. Un passage, pour courir à toute guerre juste, et s'élever aux actions les plus nobles. Un cul-de-sac, quand elle était pleine de gens, tous si loin de Péguy, la plupart si petits, et plus d'un même si plein de soi, si vipère, si bien fait pour entrer dans un parti, qu'un ennemi généreux eût mieux valu peut-être. Ils se font à présent un pavillon de Péguy : il n'est plus là : ils l'ont échappé belle.

Il se fût peu à peu décharné. Il était sans volupté.

Il abusait du raisonnement contre la raison. Et il n'avait d'entier plaisir que de l'intelligence. Comme il arrive souvent, ceux qui ne vivent que par l'esprit prennent la raison en grippe et se méfient de la science. Par le même effet, ceux qui vivent de passion, et qui ont mené toute leur vie passionnément, donnent plus à la raison que les autres. Du moins en politique. Ainsi Stendhal. Il se fait de la sorte une compensation, au sens mathématique. Il n'y a rien de si français. L'homme de France, quelle que soit sa puissance ou ses excès, tend toujours à l'équilibre : il est artiste. Plusieurs ont manqué le plus haut rang dans l'art et le génie, pour n'avoir pas pu compenser les excès de leur nature, sans pouvoir d'ailleurs se résoudre à n'en pas chercher la compensation. Voilà pourquoi Pascal reste au-dessus de tous. On le sent capable de ne rien sacrifier de ses grandeurs, et de les compenser toutes.

Au contraire, la force de la suprême compensation fait défaut à Chateaubriand, à Victor Hugo et presque à tous ceux qu'on appelle romantiques. Cette notion efface toute distinction formelle entre le classique et le romantique. Les distinguo qu'on en propose sont d'une vanité bien sotte et toujours de parti. Manie de classer propre aux docteurs.

On ne trompe pas Péguy sur le bon ouvrier. Il jugeait admirablement les gens de métier, et les gens d'études, les petits bourgeois, et les riches de profession, les politiques et les professeurs.

Il n'avait pas les mêmes lumières sur les princes et les artistes. Du moins, s'il n'entendait rien à la musique, il ne s'en cachait pas.

Le bon ouvrier à forte conscience fut toujours, pour Péguy, celui qui est capable de souffrir pour une belle cause. Un ouvrier sans bravoure et sans justice, on peut en faire un pape socialiste à Berlin : il n'est pas d'ici, il n'est pas de Paris : il est sans honneur.

L'amour de la sainteté et un goût de la liberté poussé jusqu'à l'humeur farouche ont fait l'amitié de Caërdal avec Péguy. Du caractère que je lui savais, je me suis longtemps étonné qu'il pût voir tant de monde et qu'il fût si répandu. Mais il était dans l'action jusqu'au cou. D'ailleurs, il ne se donnait pas : il s'est prêté. Beaucoup l'ont cru tout à tous ; et plusieurs lui en ont voulu, quand ils ont senti jusqu'où ils s'étaient trompés : il les avait trompés, à les entendre. Il y aurait fort à dire.

Péguy n'a pas cessé de se rendre plus humain : c'est être de plus en plus français.

Le seul progrès, pour un homme de France, est de quitter son parti, s'il en a un, pour se ranger uniquement au parti de la France, qui les enferme tous.

VII

Sous Meaux, à la boucle de la Marne, sertie de si purs coteaux, je veux visiter Péguy une fois encore, et les champs où il est mort, face à l'ennemi, et le premier jour de la sublime bataille. La victoire commence ici. Elle est toute ici. Péguy et ses hommes sont les assises de la France nouvelle : la victorieuse est née de ces victorieux. Qui pourra jamais vous aimer assez, héros innombrables, martyrs de l'Ourcq, saints de la Marne ? Vous avez confessé notre foi. Pour nous, vous avez payé. Et nous vivons par vous.

Je revois le faubourg d'Orléans où il est né, et le pays de Loire où il a grandi. Il aimait la Beauce entre toutes les provinces, à cause du blé, de la plaine et de Notre-Dame, la plus pure des cathédrales, sur le plateau de Chartres, partout à l'horizon. Comme il aimait la Beauce, il admirait la Brie. Ces deux terres sont bien les siennes, désormais : sorti de l'une, il est rentré dans l'autre. Là, il dort, en grand laborieux.

Laborieux, laboureur.

Terres admirables, et qui se répondent, en effet, comme la strophe et l'antistrophe de la même ode. Entre les deux, il y a le dire du héros, la plus haute volée de la cité et de l'homme : Paris.

Brie et Beauce, mêmes labours, mêmes meules. Ici et là, des coteaux ; mais plus lointains en Beauce ; plus proches et plus fréquents en Brie. Plus de vin en Beauce, et plus de lait en Brie. La divine lumière de France, ce sourire de l'esprit, est plus douce en allant vers la Loire, plus spirituelle vers la Marne. L'air, l'horizon, les eaux, tout est plus lent et plus large aux bords de la Loire ; tout est plus vif et plus aigu au nord de Paris. Mais c'est le même bonheur, la même cadence, puissante sans effort, profonde sans y toucher, délicate et exquise. Aux bords de la Loire, la France est une jeune femme qui jouit de son amour. Entre la Seine et l'Aisne, c'est une jeune fille amoureuse et passionnée, qui sourit. Là, elle baise un doux enfant, blond comme elle. Ici, elle baise un amant, et elle enveloppe son émotion d'un demi-rire qui les ravit tous deux. Les petites villes d'Italie sont les plus belles. Mais les villages de France sont les plus beaux.

Péguy, je pense à vous, pensant aux paysans de France. Vous êtes mort pour ces horizons, pour ces labours et pour tous ces pays-là. Devant les casses même, vous étiez l'homme de la terre. L'artiste peint le sillon, et l'homme de la terre le trace pas à pas.

Il a donné sa vie pour la victoire, et ne l'a pas goûtée ; voilà qui est digne de lui encore, et de sa fatalité.

Souvent, quand nous parlions de nos destins, l'un et l'autre, il répétait un mot que j'ai dit, il y a longtemps : « Nous sommes posthumes à nous-mêmes. N'attendons rien, car nous n'aurons rien. Nous ne sommes pas de ceux qui recueillent. » Il souriait ; et il essuyait les verres de son binocle : il avait alors la mine d'un bon prêtre, qui interrompt sa lecture. Il était sûr de finir pauvre et de n'avoir jamais ce que le monde appelle la fortune ou le succès.

Le jour de Villeroy copte la cloche : la grandeur de la France l'a mise en branle ; mais elle ne touche pas encore le bord de la victoire. Belles victimes, vous nous êtes plus chères de n'avoir connu du triomphe que la pourpre de votre sang.

Elles nous hantent ; et elles gardent nos lignes. Elles portent ces ravissants peupliers, qui font les routes de l'Ouest si chantantes et si juvéniles :

peuplier, le plus libre des arbres. Péguy étreint des jambes et des bras, de tout lui-même, la terre maternelle. Brie et Beauce, les deux mamelles de Paris. Lui, le Beauceron, qui a tant aimé et tant exalté Paris, il devait naître et mourir entre les deux seins paysans qui nourrissent la Ville. Si c'est là mourir. Car ni il ne dort, ni il n'est mort, je vous le dis : il vit. Ô privilège admirable de n'avoir pas perdu l'occasion d'accomplir une immortelle vie.

*

Cher Péguy, je ne te pleure pas.

Il n'y a point de tertre qui puisse me dérober ton visage volontaire, frère mineur et soldat, ni ta bonté d'homme, ni ton front brave et tes braves yeux.

Voici que nous nous tutoyons pour la première fois. L'amitié virile est trop profonde pour n'être pas souvent réservée. Ceux qui furent enfants dans la même maison, perdent seuls cet air distant, qui est la pudeur de l'affection. Vous étiez mon cadet de deux ou trois ans, je crois ; mais nous ne nous sommes bien connus qu'après la trentième année.

C'est toi qui vis. Et pourtant je te cherche. Tu nous manques. Tu fais grandement défaut à ton pays.

Après le triomphe, tu fusses rentré dans l'ombre. Et ceux qui se font ventre de tout, eussent pris ta gloire à leur compte, comme ils font aujourd'hui.

On t'eût donné une croix, et on t'eût renvoyé à la tienne. On t'eût laissé regagner ta cellule de pierre, ta petite chapelle de grand orgueil et de parfaite modestie.

Mais quoi ? Plus que jamais, tu eusses paru la conscience de ces sages et de ces habiles qui en ont si peu. Il fallait que tu fusses là, témoin familier et sévère. La France en était plus forte. Le monde en était plus vrai, plus solide et meilleur.

Cependant, j'ai tort de lamenter ton absence. Tu es présent : et c'est pour toujours l'être, que tu es mort. Tu as donné l'exemple de l'éternelle présence.

Tu ne peux que grandir : quel autre moyen de vivre ? ou quelle autre raison ? Tu aurais ajouté dix volumes à tes Mystères : tu les as tous accomplis. Ta cathédrale à la Bonne Lorraine est bien plus belle, depuis qu'à ta mesure tu es mort comme elle. Et comme elle a vécu quelques mois, tu as su vivre quelques jours.

Tu ne mourras pas. Il est un don d'immortalité dans une mort comme la tienne. Elle décerne la même couronne à ton œuvre et à ta vie.

On te verra toujours patient, toujours acharné, saint de besogne, passionné pour tout ce qui vaut la peine de vivre ; voué à tout ce qui fait croire, faiseur d'hommes, instituteur de bonne doctrine, humble et simple d'aspect, homme de souci, piéton sans fanfare, grand par l'esprit, plus grand par la qualité de l'âme. Ton caractère ne craint rien du temps. Tu es fondé sur la bonne terre de France, plus que sur le marbre et le granit.

Tu es sauvé. Sur ton corps sacrifié, la mort a mis le sceau de la vie éternelle : tu l'as, comme tu l'as méritée, et comme tu y croyais.

Ton Dieu n'est pas trompeur. Il est pour toi comme tu fus pour lui.

Tu as toujours été dans la milice. Tu es à présent dans le triomphe. Adieu, Péguy.

Vois comme tu nous es proche. Nous ne pouvons nous séparer de toi.

Tu es le seul vivant en qui j'ai trouvé une grande âme : le seul, dis-je, entre les scribes et les docteurs. Car j'en sais d'autres, j'en vois de toutes parts, qui chantent et qui brûlent, qui furent marins, soldats ou paysans. Pour te peindre avec eux, pour les peindre avec toi, il ne faut ni or, ni azur, ni traits éblouissants : il ne faut que de ton sang.

Nous en sommes comme arrosés par tout l'amour qui nous unit à vous.

Tu aimais la gloire passionnément : tu l'as plus pure que toute gloire humaine. Ta grandeur est celle de la nation grande entre toutes.

On ne te séparera plus de la Marne et de la bataille la plus sainte de tous les temps. Tu as été part glorieuse dans la victoire du cœur et de l'esprit.

Et quand j'ai cherché à célébrer, moi prêtre, l'office de la bataille sublime, c'est toi qui m'es venu devant les yeux : c'est à toi que j'ai naturellement élevé l'action de grâces. Si quelque Dieu a béni les oriflammes de la patrie, sa bénédiction a cherché ces étendards, parce qu'ils étaient les vôtres, et dressés par des mains pareilles à tes mains.

Dors bien, Péguy, avec tes frères. Dors vivant dans ton sacrifice. Pour moi, je t'envie.

Tant qu'il y aura une France, elle te rendra la vie que tu lui as donnée. Elle te serre sur son cœur. Elle t'aime comme un de ses fils les plus vrais et le plus dignes d'elle. Et la France, ici, est Notre-Dame du genre humain, celle qui porte son Dieu, qui souffre et qui parle pour lui.

*

Tombe dans les épis ! Tombe dans les labours !
Tu vis toujours, Péguy ; tu gardes le village ;
Tu mènes la charrue et guides l'attelage,
Et tu fais de ton sang le pain de chaque jour.

Entre le cimetière et l'école du bourg,
Meule du corps viril au chemin de halage,
Tu bornes la contrée à l'empan du courage
Et marques désormais la route de Strasbourg.

Tu rêvais d'un baiser sans réserve et sans tache :
La mort te l'a donné si pur qu'elle te cache
Dans cette chaste pourpre et ce vierge sommeil.

Je ne puis pas te plaindre et plutôt je t'envie.
Ta mort est comme Reims une flamme au soleil,
Et mourir en montant est plus beau que la vie.

Photo EUG. PIROU

L'œuvre de Charles Péguy[3].

I

Péguy allait avoir quarante ans, quand il donna coup sur coup Notre Jeunesse et *Victor-Marie, Comte Hugo*. À deux ou trois ans près, ceux de cette génération, nous avons tous l'âge de la République. On dirait de nous que l'Empire Second n'a pas eu la moindre part à ce que nous sommes : comme si, forcé de se faire justice, il se fût anéanti lui-même à Sedan. Là, finit un monde. Nous sommes nés avec l'autre. Nous en avons été les mouvements sacrés dans le sein de la mère ; l'effort prodigieux à la vie, méconnu et contrarié ; la volonté nouvelle, l'illusion passionnée ; et la passion plus forte encore, quand l'illusion tombe, de fonder un ordre, de n'en rien proscrire et d'y faire tout entrer.

Les uns, plus près des faubourgs, ont semblé renouer naturellement en eux le fil des trois Républiques. Pour les autres, encore plus à même la terre, la République les a remis dans le plein sens de la nation, et jusqu'au moyen âge, à travers la Révolution et les fastes militaires de la France. Nous avons grandi avec la République ; nous avons conquis notre liberté avec elle, nos grades, nos combats et nos ennuis.

Faisant retour sur lui-même et sur sa vie, Péguy pense naturellement à la jeunesse de la République : c'est la sienne. Les moins politiques d'entre nous ont pris de la République le goût et l'habitude d'être libres. La République fait des maîtres, quand le peuple est noble. De la sorte, les vrais aristocrates se trouvent dans les Républiques, plutôt que dans les cours.

Jamais époque ne fut plus libre. L'extrême licence de l'esprit et l'audace des mœurs ont donné un caractère unique aux vingt dernières années du siècle et aux premières de celui-ci : la fin de la monarchie avait seule connu une égale douceur de vivre. Toute tolérance a paru nécessaire dans les mœurs et toute violence légitime dans les opinions. L'injure en tous sens a fait l'économie de trois guerres civiles. Ce temps a été plein d'esprit et de talent, sinon de génie. Avant la tempête, il fut le calme de la mer et la saison des céréales mûres. Ainsi la bonace a précédé la Grande Guerre, comme elle avait fait la Révolution. La République alors a eu son affaire du Collier, ses troubles de finances et ses orageux parlements. La liberté sans limites tournait à une sorte d'anarchie, bien nécessaire pour tempérer la tyrannie de la science et d'une logique médicale, appliquée à toutes les valeurs de la pensée et de la morale, sans choix, sans goût et sans raison supérieure.

Dès lors, les esprits libres ont été aux prises avec trois clergés et trois églises, qui vont assez souvent deux par deux : la Sorbonne des savants à balances, l'Église de Rome et l'Église de Marx, qui est celle des socialistes. Pour moi, je ne fus ni de deux ni de trois ; et je reste sans doute seul à n'être d'aucune.

Péguy, amoureux ennemi de la Sorbonne, avait été trop socialiste, pour n'être pas d'Église. Mais il était de sentiment si libre qu'il eût toujours été suspect d'hérésie, en quelque église que ce fût : et même, à la longue, dans la sienne. Il ne faut pas conter que Péguy fut solitaire : il vivait volontiers dans l'assemblée : il a eu un très grand nombre d'amis et de disciples, qui lui sont restés fidèles.

Je marque donc la passion d'être libre comme le premier trait de notre jeunesse. À ce temps, rien n'a manqué que l'appétit de la grandeur. Mais il brûlait insatiable en quelques-uns, avec l'idée la plus haute de la puissance. Cela suffit. L'appétit de la grandeur en quelques-uns témoigne pour l'instinct de la grandeur dans tout le peuple, qu'il s'agisse de l'art, de l'action ou de la morale. Et on a bien vu depuis, si ce peuple avait abdiqué la volonté d'être grand, et s'il était capable, entre la Marne et l'Yser, entre l'Aisne et Verdun, de s'élever sur les cimes.

*

Il ne sera pas que la Guerre porte atteinte à la liberté de nos vingt ans. La liberté n'a ébranlé la victoire qu'aux yeux des sots. Elle a fait vaincre ce peuple, au contraire, en lui donnant de lui-même une conscience plus belle, plus forte et plus générale, telle enfin que jamais nation ne l'eût de soi. Le peuple de la Marne est un seul héros, et il a la conscience du héros. Il la doit à la Liberté. Car la conscience est de l'homme libre, et qui veut être libre. Ceux de Verdun n'auraient point tant de beauté, s'ils n'avaient celle-là.

Après la guerre, comme au plein de la bataille, le point est de maintenir une nation puissante avec des citoyens libres. Notre tournant fut celui de la République, et sa propre nécessité : avoir de justes maîtres, ceux que l'on se donne parce qu'on leur sait le droit de l'être ; et ils l'ont, d'abord, pour l'ôter à ceux qui ne l'ont pas. Le pouvoir sans l'autorité est le vice commun à tous les régimes, et l'éternel scandale. Œuvre de l'esprit ou poème de l'action, rien ne se fait que par de bons maîtres. Et plus les hommes veulent être libres, mieux il leur faut choisir les maîtres qu'ils ont. À la vérité, on ne le dit point : mais quand on pense de la sorte, on est le vrai maître et on veut l'être, parce qu'on le trouve en soi. Nous avons eu un rare appétit de domination, et pas la moindre bassesse : la bassesse est le premier outil de l'habileté. Pour des hommes qui veulent dominer, il faut convenir qu'une telle candeur n'est pas ordinaire. Nos aînés ont bien ri, et leurs fils qui sont nos cadets, en doivent rire plus encore.

*

En 1910, Péguy fondait « le parti des hommes de quarante ans », pour montrer qu'il n'était plus d'aucun, tout en restant du sien. Plaisante idée, qui ne donne pas le change sur une réalité fort triste : le parti de Péguy est le parti idéaliste. Il va de soi que la République a cessé d'en être, avec tous nos aînés et presque tous ceux de notre âge. D'où il suit que les bons idéalistes sont toujours seuls de leur parti. En gros, cette génération est sans doute la plus sacrifiée qu'on ait vue depuis un siècle.

Qu'elle ait choisi elle-même le parti du sacrifice, je n'en crois rien ; mais parfois elle en a été digne. Comme toutes les autres, elle comptait un nombre infini de profitants, et quelques beaux confesseurs de la foi, héros ou martyrs : ceux-ci, pourtant, d'une qualité rare, artistes autant qu'on le puisse être ; et même les plus habiles ou les moins ingénus ont fait le calcul de l'art avant celui de la fortune. En eux, cette génération fut donc la plus dédaigneuse, la moins mercenaire et, dans quelques occasions, la plus héroïque.

Elle s'est trouvée prise entre ce qui a été et ne peut plus être, qui tient toujours tout, et ce qui sera demain, qui veut tout tenir, et ne règne pas encore. Hommes de quarante à cinquante ans, aujourd'hui, presque tous ils ont façonné les jeunes gens à l'action, sans y entrer eux-mêmes : peut-être avaient-ils mieux à faire : agir n'est qu'une nécessité : ils l'ont révélée. Plus intelligents qu'on ne le fut depuis, ils ont pris plaisir à toute sorte de contradictions : à présent qu'ils vieillissent, ils s'en repentent.

Pour la plupart, comme il arrive toujours, ils n'étaient pas capables d'invention : le génie et les chefs-d'œuvre ne courent pas les rues ; mais ils le sont de goûter les façons les plus neuves de penser et de sentir, en art et en morale. Ils en ont été curieux jusqu'à l'avidité. La jeunesse de l'esprit est à tel prix, j'imagine. Plus d'un restera jeune, de la sorte, à soixante ans, parmi des hommes qui cesseront de l'être à trente. Ils ont mis décidément au rang des dieux les rares génies, qui furent nos précurseurs et qui s'étaient ajournés eux-mêmes à un demi siècle d'être compris : Stendhal et Flaubert, Baudelaire et Verlaine, Rimbaud et Cézanne, le vieux Beethoven et Wagner, avec les grands étrangers de l'Orient et du Nord, les Persans et la Chine, l'éloignement dans l'espace égalant le recul dans le temps.

*

Enfin, la musique est entrée pour une part décisive dans notre pensée et dans notre être : elle est le témoin de la vie sensible et du monde intérieur que la passion suscite désormais à l'intelligence, et dont elle lui impose la véracité secrète et la présence. À cet égard, Péguy était fort du passé et de l'école : la musique ne comptait pas pour lui, plus que pour la Sorbonne. Non seulement il ne la savait pas : il ne l'entendait même point. Il était tout humanités et lettres classiques, beaucoup plus à la manière du grand siècle, qu'à la coutume du moyen âge.

Ces hommes de quarante ans ont été aussi timides à conclure contre leurs habitudes d'esprit, que rebelles à la contrainte. La plupart n'a pas osé estimer ce qu'ils valent les poètes et les artistes qu'ils goûtaient pourtant le plus. Un trait leur est commun : ils sont révolutionnaires et conservateurs tout ensemble ; ils tiennent d'un double lien à l'anarchie et à la tradition.

Quant au petit nombre, qui seul a charge de créer des sentiments et des œuvres en art et en morale ; en eux l'audace et la finesse ont été égales : on ne les a peut-être jamais dépassées. On n'a jamais vécu pour l'art avec plus d'abandon, plus de foi, ni plus de sincérité. Et certes, si tout se renouvelle en France, d'ici à trente ans, et de là en Europe, c'est en nous qu'il faudra chercher l'origine de toute rénovation, et les premiers modèles de chaque nouveauté. Le poème en prose, le vers libre, la poésie toujours prise de plus près à la source musicale ; le roman tournant aux mémoires ou au rêve de la conscience ; la musique infiniment étendue dans le plan de l'harmonie ; la peinture et la statuaire qui tendent à un poème logique de la couleur et des volumes :

en tout, nous avons trouvé la sensation et le fragment, ou le document sec et l'importune rhétorique ; en tout, nous avons voulu garder plus amoureusement le trésor de la nature, et la régler par le style. Un ou deux même se sont élevés jusqu'à la rêver ainsi : rêver la nature et lui donner le style, l'art n'a rien de plus grand.

Les derniers venus, cependant, sous prétexte de style, veulent tout appauvrir et tout dépouiller, en conformité avec leur propre dénûment ; ils prétendent tout réduire au canon des formes vieillies et des âges passés. Nous voulons, au contraire, étendre toutes les conquêtes de la sensibilité, et, pour en faire entendre les accords nouveaux, n'en pas perdre un seul harmonique. Nous ne renierons pas nos richesses, sous une raison spécieuse de discipline. Quant à la règle, que chacun s'en donne une, la seule vraie, qui soit la sienne ; et tout sera bien réglé. En vers et en prose, Péguy avait découvert celle qui lui convenait : et qu'aurait-il fait d'une autre ?

*

Après tout, c'est elle, cette génération, qui a changé l'esprit public en France : non point par les discours et les théories, mais par l'exemple :

car l'exemple seul a de la force. D'ailleurs nul exemple sans un homme.

Les exemples vivants sont d'un autre pouvoir.

Sans être des athlètes, ni des maîtres à la boxe, nous avons été des hommes. Tous ceux qui en valent la peine, parmi nous, ont été avec force et vérité ce qu'ils sont et veulent être : vrais artistes ou vrais soldats, vrais philosophes et vrais fidèles, vrais héros de morale et vrais damnés, vrais fanatiques ou vrais hommes libres.

Nous avons vécu solitaires, pauvres, impatients de l'opinion et du joug ; les uns, en luttant davantage pour la gloire ; les autres, dans un mépris absolu du succès : tous avec foi, j'entends pour une cause belle qu'on préfère infiniment à soi.

II

Les œuvres de Péguy sont un entretien perpétuel de Péguy avec lui-même et avec ses disciples.

J'imagine un Épictète ou un Zénon chrétien, surveillant l'État et moralisant sur la République. On attend son jugement tous les matins ; et ceux qui le lisent ou l'écoutent sont ses ouailles, avec qui il rompt le pain.

Péguy est, d'abord, politique et moraliste. La vraie politique, pour lui, est la morale de la nation. Or, ce frère prêcheur, ce petit capucin qui se raconte immodérément, a la puissance oratoire d'un Bossuet. Il n'a pas besoin d'une chaire dans une cathédrale ; il ne lui faut qu'un livre ; et il enseigne tout son peuple : l'entretenant de soi, il l'entretient de lui : tel est le secret de son influence.

*

Il est homme de conscience, avant tout.

Il veut savoir au juste ce qu'il pense.

Parce qu'il pense bien, il veut qu'on pense comme lui. Il est plein de jugements. Ne fût-il pas homme à les exécuter, il abonde en arrêts et en sentences.

Il satisfait ainsi son besoin d'action et sa méditation, son orgueil et sa justice. Il a beaucoup de Proudhon, tout en étant poète. Il est fortement orgueilleux, mais il l'est surtout d'être juste. Il a l'orgueil de croire que la justice a besoin de lui. En quoi, il ne se trompe point. Quelle louange !

Jeune homme, il part pour être tribun. Et, l'expérience de la vie aidant, il tourne peu à peu au directeur de conscience. Mais les individus le retiennent à contre-cœur. Il ne confesse volontiers que l'État et les partis.

Il a de fortes haines, qui naissent de forts principes. On n'a jamais été si peu douteur, même en doutant de soi. Il est maître d'école, plus que philosophe.

*

Il était né pour être la conscience de la République. Si Péguy eût été le chapelain laïc de Jaurès, on eût épargné, peut-être, dix ans de troubles et de malaise. Péguy s'est montré directeur admirable pour tout un parti, dans la grande affaire qui mit à l'épreuve les principes et les hommes de la République. Car le malheureux capitaine n'est rien, n'étant que l'occasion, le choc du caillou qui précipite l'énorme avalanche. Mais l'Affaire est le drame civil de toute une époque, comme la guerre d'Europe en est la tragédie universelle. Et un monde nouveau doit sortir de ces deux catastrophes.

*

Il se plaît aux formules : elles le contentaient. Elles lui assuraient un repos et un arrêt, au milieu de son flot interminable. Il en a trouvé de très bonnes et très belles. Il en a beaucoup admiré, en celui-ci ou celui-là, qui sont d'éclatantes devises sur de la fausse monnaie. Ainsi dans la querelle du classique et du romantique, renouvelée des Grecs et du jeu de l'oie. Elle est toute politique et ne mène à rien. Moréas a besoin de mourir, pour s'en douter, et il exhale le dernier souffle avec cette vérité première : c'est un bruit bien coûteux pour un peu de fumée.

*

Génie moral et politique, Péguy ne se trompe presque jamais sur le vrai fond des problèmes. Il va le chercher dans l'âme du peuple. Il se place aussitôt à mille lieues de la canaille, qui est l'élite des auteurs et des journaux. Ceux-là vivent dans le mensonge, par nature et par métier. L'honnêteté, dans les uns, c'est qu'ils n'en ont pas conscience, et s'y plaisent ; la perfidie, dans les autres, c'est qu'ils le savent et s'y plaisent aussi.

Péguy, toujours vrai, se donne parfois les apparences de n'être pas tout à fait sincère : il a la manie du distinguo. Toutes ces disquisitions sont les idoles des critiques et des professeurs : Péguy ne laisse pas d'y tomber, mais en dehors du fossé d'encre, il est retenu par le sentiment populaire, il ergote beaucoup, et conclut droitement.

*

Son opposition de la mystique et de la politique est une formule ; mais elle est féconde : elle peut rendre la vie aux âmes sèches et aux cœurs arides.

Il s'agit de savoir si l'on vit en esprit, si l'on veut, si l'on sait en esprit, ou si l'on met l'esprit même dans la prison de l'intérêt direct, du nombre et de la matière. Péguy a horreur d'une vie non spirituelle. Une cause idéale vaut seule la peine d'être servie. La politique doit être idéale, comme la morale, comme toute action de l'esprit. Moins l'idéal, une République n'est plus rien du tout. Et la France, tout de même. L'affreuse guerre qu'elle subit, en attendant qu'elle la mène, est une guerre pour l'idéal. Nous ne mourons pas, disent les Français, pour trois lés de terre, fût-ce de la terre la plus aimée du monde ; mais pour tout ce qu'ils signifient : ils sont la robe à la chair, et la chair est robe au cœur d'une mère. La force n'est pas la justice ; le pouvoir n'est pas l'autorité ; la terre seule n'est pas la patrie : toute valeur humaine est en esprit ; toute vraie puissance a un fondement mystique : elle touche et persuade, plutôt qu'elle ne contraint et détruit.

Ce qui passe la raison, dans la connaissance et l'action même, oblige la conduite et meut la raison. Pour avoir tout empire, il faut que la raison elle-même se fasse mystique, et déesse, qu'on la mette sur des autels. L'idéal, qui n'a de réalité que dans l'esprit, et n'a donc de perfection qu'en esprit, anime pourtant toute réalité. Péguy voulait que l'homme eût une foi, une vérité, une morale, une mystique enfin. Il exigeait que la foi de l'homme fût la vertu du citoyen ; que la politique eût une morale, et que la République fût le gouvernement du peuple pour une cause idéale. Les Machiavels à un sou se moquent de cette ingénuité : elle est le génie de la France ; et la Guerre d'Europe qui est la guerre de France contre les Barbares, ne jette la moitié d'un monde contre l'autre, que pour forcer chaque État à être honnête homme. Dans la France, Péguy voit toujours le soldat de la cause idéale, qui est la justice, miles Christi. Elle ne lui serait pas si chère, toute paysanne, toute terre, toute solide qu'elle est, si elle n'était pas encore plus une patrie quasi mystique : il finit par la confondre dans un miracle de femme, Jeanne d'Arc. Ainsi, les mystères de Péguy sont la conversation intérieure de la patrie avec elle-même ; et c'est la plus durable beauté que je leur trouve.

III

Péguy est grand républicain, et républicain au fond de l'âme. Il l'eût toujours été, même avec un roi juste et sévère. Mais s'il eût vécu, s'il avait pu voir les armées de la République passer sous l'Arc de Triomphe, s'il avait pu lui-même mener sa troupe au pas sous la voûte la plus pleine de ciel humain et de gloire virile, qui ait jamais lancé son cri de peuple dans toute l'étendue de ce monde, il eût retrouvé la joie sans pareille des vainqueurs de la Révolution, d'Iéna et d'Austerlitz. Il en est.

Voilà ce que Stendhal sentait si fortement. Péguy eût dit, comme lui, de Napoléon que sa grandeur aurait été non pareille, s'il n'avait pas eu la faiblesse de brumaire, et de préférer la singerie de la royauté à la simple majesté de conduire héroïquement la République. Car il est vrai que la République idéale est régie par des héros ou par des aristocrates. Tout l'art est d'élever les hommes libres à se laisser conduire par des aristocrates et des héros.

Il était trop du peuple et trop de l'antiquité latine, pour n'être pas républicain, ce Péguy.

Nous tous, qui avons sucé la mamelle de la gloire dans les classiques, dans le latin de Tite Live et de Cicéron, dans le grec de Périclès selon Thucydide et de Démosthène et d'Eschyle, nous en gardons, non pas les dents agacées, mais la bouche éternellement chaude et la gorge altérée. Le propos de la gloire et celui de la liberté se tiennent, comme les Dioscures au combat se prêtent la main.

Passion de la gloire dans le cœur d'un enfant ingénu, et dans l'âme d'un adolescent qui vole vers son rêve ! c'est un feu pour toute la vie. On a beau l'étouffer : il est toujours là qui veille. On l'épure. On mue la chaleur en lumière. On s'élève même à la sainteté. Mais en ceux qui ont bu de ce sang héroïque à guise de lait, ce premier amour est le foyer qui ne s'éteint qu'avec l'existence ; et dans leur mort même, je gage, si l'on savait chercher, qu'il y a ce tison de soleil, au fond du cœur : la gloire.

La gloire est l'auréole des saints : ils sont païens par elle. La gloire est notre gage d'immortalité ; et l'amour de la gloire est ce qui nous persuade encore d'être immortels.

Nul en son temps, plus que Péguy n'aima la gloire. Ce petit homme gris portait une ambition immortelle. Elle est, sans doute, la suprême duperie. Mais quoi ? ce n'est pas être dupe de chercher une raison de croire à la vie. On veut toujours se survivre, en chair, en nom ou en esprit.

La gloire ne se sépare pas de la République, non plus que de la monarchie les honneurs et les titres. Il n'y a de vraie gloire que pour les âmes républicaines et pour les princes. Racine a été menacé du bâton, après Phèdre ; on ne connaît pas la gloire dans un État où un coquin, parce qu'il est issu du ventre d'une favorite ou sorti des reins d'un ministre, a licence de montrer le bâton à un prince des esprits.

D'ailleurs, le peuple est naturellement républicain, dès qu'il prend conscience de lui. Le peuple ne sert les puissances absolues qu'en son âge enfantin, quand il se laisse faire, qu'il ne pense pas et ne veut point. Fût-elle, à l'usage, le pire des gouvernements, la République est la cité idéale des hommes libres.

Il ne faut que rendre les hommes raisonnables et libres, pour sanctifier la République. Quelle que soit l'ironie d'un tel dessein, on gouverne mieux les hommes en leur proposant la grandeur et la beauté d'être libres, qu'en les consolant d'être esclaves, sous couleur qu'ils le sont volontairement, et pour le plus grand bien de l'ordre et de l'économie.

IV

Dans Victor-Marie, Comte Hugo, Péguy fait la classe ; mais comme si le bon saint Pierre, maître d'école, enseignait un peuple de soldats ; et, ma foi, quand le Père éternel prendrait place, un moment, sur les bancs, Péguy, pour ému qu'il puisse être, n'en perd pas le fil et ne s'interrompt pas.

Il parle aux grognards. Il ne tarit pas : « Nous prendrons donc nos notes, et pêle-mêle nous les alignerons ici. » Pêle-mêle ? Tant pis. Il y met beaucoup de gentillesses qui sentent le magister. Il pleut des vérités premières : il rit un peu, pour empêcher d'en rire ; mais il se sait gré de l'averse, voire du déluge, et surtout d'en tenir la clé.

La leçon sur les rimes de Victor Hugo le conduit à une leçon sur les rimes de Corneille et de Racine. Puis, de la rime il passe aux œuvres, au style et aux idées. Enfin, la leçon sur le métier de poésie tourne à la leçon sur le classique et le romantique. La préface de l'ouvrage et la conclusion sont d'un mérite infiniment supérieur à l'ouvrage même. Il s'y raconte, paysan parmi les paysans, fils de vignerons, maître d'école. Il s'adresse à un ami, avec qui, sans doute, il va rompre : plein d'une humble superbe, il lui accorde tous les avantages dont il fait fi, et se réserve toutes les prééminences réelles qui font la suprématie de l'homme, en fonction des siècles, de la terre et de la vie : voilà un rare modèle de l'impartialité, telle qu'elle règne communément entre les amis. Là encore, il oppose ce qu'on peut appeler la mystique de l'amitié à sa politique.

D'ailleurs, il trouve dans le génie même de Victor Hugo un nouvel et mémorable exemple de la mystique dessaisie par la politique, en ce monde gâté. Et sans l'oser déclarer, il abaisse Racine dessaisi devant Corneille mystique, exalté dans Polyeucte, au dessus de tous les poètes et de toutes les œuvres. « La France est cornélienne. » — « Corneille n'opère jamais que dans le royaume du salut. Racine n'opère jamais que dans le royaume de la perdition. » Selon lui, Racine tout cruauté est tout désordre. Il découvre ce que j'ai tant marqué moi-même, à savoir que l'ordonnance n'est pas l'ordre : c'est même le contraire. L'ordre véritable est intérieur. Il a sur Racine des idées très fortes, peut-être fausses, car son jugement est toujours moral et jamais d'un artiste. Au fond, avec ce qu'il dit de Racine, on ferait un classique de Victor Hugo, et de Racine un romantique.

*

Quand il poursuit la politique de sa colère et de ses reproches, Péguy s'indigne contre la vie, et ne le sait pas. L'indignation ne résout rien ; et la solution de Péguy est un peu bien simple.

Le conflit de la mystique et de la politique paraît fatal encore plus qu'éternel : on ne peut concilier le royaume de Dieu et les règnes de la terre, sans faire tort de tout aux uns et à l'autre. Ici, pour accorder, il faut détruire. La terre veut durer, et les hommes aussi : c'est pourquoi le royaume de Dieu est au ciel.

Ce problème est celui de toutes les religions. Le passage de la religion pure à l'Église figure la chute même de la mystique à la politique. Or, il se trouve que sans l'Église, la religion ne dure pas : elle meurt avec le dieu qui la fonde et ses premiers fidèles, qui ne peuvent pas vivre sans lui. C'est par l'Église que la religion dure. Ainsi l'Église est la politique de la religion.

Tous les grands ordres se fondent par la mystique et durent par la politique. Faut-il durer? c'est la question.

S'il n'y avait que des saints, la politique serait inutile. Mais il y aurait alors autant d'ordres que de saints. Les fidèles sont loin de la sainteté : toutefois, ils font l'Église.

Quand un saint n'obéit pas, il est plus près de l'hérésie qu'un autre homme. Péguy ne pouvait pas être un saint : il était trop dans le siècle ; il tenait trop aux Cahiers ; il était trop père de famille. Il approchait surtout la sainteté par l'hérésie.

Enfin, Péguy ne semble pas comprendre que la politique est la fatalité même de la vie sociale. Les hommes en société sont forcés d'être politiques, plus ou moins. La mystique est le propre de la cellule et des saints.

Au fond, les saints aspirent à la fin du monde. La gloire de la cité les touche peu : ils ne sont pas citoyens. Ils ne croient pas à la justice des hommes. La passion du ciel et le rêve du paradis trompent sur l'idée que les saints se font de la terre : ils ont la joie, mais elle n'est pas ici. Un saint et son frère rient ensemble : mais tandis que son frère rit avec le saint, le saint ne rit pas avec lui. Les sages les plus sombres ne sont pas plus dépris : toutefois, ils n'ont pas de joie et ne se promettent rien.

Mettre fin à la vie est le vœu secret de toute volonté parfaite. À la fin, l'œuvre est accomplie. La mort et le chef d'œuvre sont un égal accomplissement. Les hommes ne se soucient pas de s'accomplir, mais de vivre : c'est à quoi répond la politique.

V

Celui qui est désigné doit marcher. Celui qui est appelé doit répondre. C'est la loi, c'est la règle, c'est le niveau des vies héroïques, c'est le niveau des vies de sainteté.

Nous avons été des héros, dit-il encore. Que si nous avons été, une fois de plus, une armée de lions conduite par des ânes, c'est alors que nous sommes demeurés, très exactement, dans la plus pure tradition française. Nous avons été grands. Nous avons été très grands.

On le croira, lui, puisqu'il en est mort. On ne les en croira pas, eux, puisqu'ils en vivent. Et si leurs fils meurent aujourd'hui, ils s'en font gloire, ils en ont le front. C'est d'ailleurs tout ce qu'ils ont du front.

J'oserai plus : ils auraient su mourir comme les autres, s'ils en avaient eu l'âge. La France est telle, que libre, elle est toujours grande ; et grande, elle est naturellement héroïque dans la guerre et belle dans la paix : pour parler avec Péguy, elle vit toujours, plus ou moins, pour la mystique. Même Voltaire : à quatre-vingts ans, il a ses fureurs et ses combats pour la mystique de la raison, qui est souvent la justice.

Mais tout n'est pas de mourir. Ce que vaut l'homme à l'ordinaire des jours passe infiniment ce qu'il peut valoir une fois, une seule fois, dans la fièvre de la guerre, et ce qu'il y peut faire : quand il faut bien qu'il le fasse, après tout.

Il n'est pas vrai que toutes les morts soient héroïques. Il y a plus de demi héros que de vrais héros. La plupart meurent sans l'avoir voulu. L'admirable, c'est qu'ils s'y résignent ; et que les autres, les condamnés du jour qui va suivre, s'y résignent aussi. L'occasion fait souvent le héros, même au fort de la bataille, ou surtout. La mort peut mentir. Une maladie qui nous prive du sens et nous écœure, peut tuer le héros en nous. Mais le choix et la volonté de toute une vie ne mentent pas. La vertu héroïque de tous les jours, l'habitude des hauts lieux et d'être soi sans bassesse, la beauté qu'on fait sourdre de son sang, qu'on paie de sa douleur et de ses larmes, voilà qui a du prix au delà même de la mort. Voilà ce qui fait grands les hommes. Et nos aînés ne sont certes pas à notre taille : parce qu'ils ont tout pris et presque tout gardé. Et parce qu'ils tiennent tout sans mériter la possession, ils sont petits : car on les mesure à ce qu'ils prétendent posséder. Possession vaut titre. Qu'ils s'en félicitent, s'ils veulent ; et qu'ils se reconnaissent dans leurs fils avec complaisance : en effet, déjà leurs fils leur succèdent. Voilà des familles où l'on ne perd pas le temps.

Que le peuple est noble, qu'il est pur, si on le regarde, après avoir quitté ces gens-là. Il chante dans le volcan : il n'y fait pas ses comptes, et ne calcule pas ce qu'il gagne. Il meurt pour son clos, pour le lit de sa femme et de sa mère ; il meurt pour le champ de son père et la maison de ses petits. Il ne se vante de rien. Il donne sa vie et il aimerait mieux vivre. Il ne prête pas sa peine à intérêt, ni sa sueur à usure. Il ne se promet pas qu'on lui mette, demain, comme une proie ou comme une récompense, la France entre les mains.

Il veut seulement garder sa terre et son libre horizon, sa blonde avec son rire et son ménage, son verger et ses pommiers. Il veut que les mains de ses enfants ne soient pas forcées de lâcher, dans l'agonie de la bataille, la maison et le champ qu'il a mis à l'abri derrière sa poitrine. Il tombe pour faire rempart de son corps à ces biens, et les leur léguer sans souillure. L'ennemi est celui qui souille. Toute violence subie est une flétrissure :

Je rendrai mon sang pur comme je l'ai reçu.

*

Vers quarante ans, on commence de faire ses comptes : si l'on n'y songe pas, les autres vous y forcent. Il est dur de garder sa jeunesse au delà de l'âge permis : jeune toujours, on n'a plus rien de commun avec des amis qui cessent de l'être ; et on n'est pourtant pas jeune avec ceux qui le sont. La plupart des hommes, si on leur montrait alors ce qu'ils furent à vingt-cinq ans et qu'ils étaient encore à trente, ils ne se reconnaîtraient pas. Ils rougiraient d'avoir été généreux, d'avoir été libres, en un mot d'avoir été les chevaliers d'un rêve : ce rêve n'est rien de moins que la vie : les demi morts le nomment mystique, pour empêcher de voir qu'ils ne vivent plus ; et les beaux noms de sagesse, règle, ordre et discipline leur servent à décorer les sépulcres de plâtre où ils pourrissent. À l'ordinaire, les hommes meurent vers trente-cinq ans ; quant aux femmes, elles cessent communément de vivre quinze ou vingt mois après le jour de leurs noces.

Péguy restait bien vivant. Il avait passé une jeunesse claire et rude à former son talent et à fortifier son esprit. Il avait beaucoup espéré et beaucoup combattu. Il avait payé de soi ; il avait souffert. Il avait été vaincu, qui est la grande souffrance. Il avait vécu : il pouvait écrire.

Il était mûr pour les œuvres qui naissent de l'homme. Pour que les œuvres puissent être, il faut que l'homme soit : opinion qui ne semblera naïve qu'à ceux qui ne sont pas.

À l'âge où meurt la foule des pauvres gens, Péguy commença de naître dans l'ordre supérieur de l'esprit. Il sembla pressé de ne pas perdre le temps.

De là, qu'il se vieillissait à plaisir. Il aimait prendre l'air du vieil homme : « Quand je serai un vieux », disait-il volontiers, et il courbait ses épaules maigres ; il serrait sa cape contre lui, comme s'il avait eu froid. Il ébouriffait sa barbe d'une main si avisée, qu'on croyait la voir blanchir. Et quand il faisait la petite voix, qu'il chuintait au défaut de langue, je souriais, pensant que le vieux Péguy, à la retraite, ne voulait plus parler que d'une bouche sans dents. Ses jugements n'en étaient pas édentés, toutefois.

Il donna donc, sans arrêt, ses confessions, ses vers et ses mystères. Il s'est hâté de produire, en quarante mois, toutes les œuvres que quarante ans de vie avaient poussées en lui. Il y aurait ajouté, sans doute, mais pas un seul trait imprévu ou nouveau. Sa figure était faite pour toujours, dans le bois encore plus que dans la pierre.

Cependant, il manque à la guerre comme Jaurès lui-même : elle les eût réconciliés. Ils se seraient retrouvés, tous les deux, sur le plan de la Révolution et de la patrie en danger, qui est la terre de France levée dans son sang. Ils auraient pu agir et parler pour elle, être le bras de la nation et la voix de l'armée, dans ses souffrances inouïes et sa pourpre éternelle.

*

Sans être fort connaisseur ni peintre d'hommes, il l'était des idées générales, des peuples et des foules. Il excellait à surprendre dans un individu le caractère d'une tribu ou d'une classe. Pour un artiste c'est se tromper du tout au tout ; mais le moraliste n'y regarde pas de si près. Ainsi Marc Aurèle se trompe sur sa femme, mais non sur la vertu ; et les juges, qui font erreur sur les criminels, n'en font point sur le crime et le code.

Son portrait de Bernard Lazare est d'un grand sens. Il touche en lui à la question juive, cette vexata quaestio des siècles. Il y entre avec une bonne volonté qui lui donne de curieuses lumières. Les antisémites ne peuvent pas juger des Juifs, Péguy le sait. Mais les Juifs ne le peuvent pas davantage ; et il l'ignore. Ni les Juifs, ni les antisémites ne sont innocents : pour connaître et juger les Juifs, il faut se rendre libre de la race. Il faut avoir le cœur chrétien et la tête antique. Les antisémites sont dans la race jusqu'au cou : elle les étrangle et ils crachent. Et les Juifs y croupissent ou y étouffent, forcés d'y être, les uns par violence, les autres par vocation.

Il n'est pas facile d'être Juif, dit Péguy. Sa grande vertu le porte à parler des Juifs avec une vérité non atteinte jusqu'à lui. Son âme altérée de justice ne renie pas la lignée des prophètes. Comme elle est très raide, très claire, sans complaisance, il ne flatte pas plus qu'il ne dénigre. Il pèse. Il fait le compte, et dans les balances de la pure morale, qui sont celles de l'homme commun : car l'homme n'est rien, d'abord, sinon l'animal capable de moralité.

Je n'irai pas plus avant dans le problème. Ce n'est pas le lieu. Péguy est sur la voie. Il ne fait pas de ces concessions à la Renan qui retirent presque tout ce qu'elles accordent. Il est sans mépris, ni dérision. Cependant, il n'a pas tout vu, et il manque le point, au centre.

C'est un malheur d'être Juif, si on l'est. Et un malheur sans mesure, si on ne l'est pas en effet, de passer pour l'être. Voilà tout.

Toute figure à part, je pense là dessus avec Pascal. Le Juif, ou présumé tel, doit payer pour toute une race ; et par une contrainte inouïe, on prétend qu'il en est, parce qu'on veut qu'il en soit. La malédiction du sang est à jamais sur lui. S'il est vraiment de la race, il expie pour tous les péchés d'Israël, quoi qu'il fasse : il y ajoute, s'il en prend son parti. Il les envenime, s'il s'en flatte. Et bien pis, il paie encore pour la race, s'il n'en est pas.

On lui consent tout, hormis l'honneur, qui est la seule égalité entre les hommes, et tout ce que le cœur noble exige. Il n'est de parité qu'entre des pairs qui s'honorent également.

Par une hypocrisie dont rien n'approche, on a fait du nom de juif la plus cruelle injure ; et on prétend donner ce nom justement à tout Juif, quel qu'il soit, et sans lui faire injure.

*

Il a eu le génie de l'entretien et le génie polémique. On ne le verra jamais mieux que dans notre jeunesse et Victor-Marie, Comte Hugo. Il prouve sa vérité en se racontant lui-même. Jamais homme ne fut plus mêlé à ses écrits. C'est un directeur de conscience qui ne s'offre pas en exemple, mais qui gagne les fidèles, en leur exposant sa vie intérieure. Comme un livre secret, qu'un bon moine vous lirait feuille à feuille, déchiffrant le grimoire, dans une petite chambre, — et toute la lumière du jour tombe d'un soupirail sur le livre et le lecteur seulement, — il vous explique tous les progrès de sa pensée, tous ses détours en lui, tous ses retours, tous ses arrêts. Ouailles et disciples, il les fait passer par les propres états de sa conscience ; il les y appelle insensiblement ; et il les conquiert peu à peu, comme lui-même s'est conquis.

Sa critique est un combat pour une vérité qu'il croit tenir et pour une morale. Étant homme de foi, il tourne volontiers au théologien. C'est la foi et la force du sentiment qui animent toutes ses œuvres. On sent l'homme, on le voit dans tout ce qu'il dit. On lui pardonne ses manies, ses redites, les excès, ses erreurs même : tout en lui parle pour lui.

Son ardeur à convaincre est encore moins forte que son zèle à se chercher lui-même, à être vrai, à se tenir enfin solidement dans sa vérité du fond. Et d'ailleurs, il n'est jamais solitaire. Peu d'hommes ont eu l'âme plus religieuse ou plus sociale, si la société est en effet une religion. Là aussi, il est d'Église : l'assemblée est son lieu, visible ou non. Sa méditation même est de concert avec des amis et des témoins : il compte toujours que sa prière ait des fruits.

Ses vertus font le poids de son style. Loin plongé dans la terre, il est une vérité qui germe, qui veut croître et s'épanouir en arbre, pour faire abri aux hommes et les nourrir. Il lance toutes sortes de racines sans choix, sans ordre, sans répit, les unes fortes et belles, les autres plus frêles ou plus pauvres, d'autres encore inutiles. Mais toutes ont le même élan : elles enveloppent la pensée ; elles l'enlacent ; elles la plient à cette vérité si tenace et si sincère. On se prête volontiers à ce siège lent, à ces assauts patients, à cette obstination. On se laisse entourer : on cède un peu de soi, même si l'on résiste. Et dût-on reprendre bientôt son adhésion aux idées, on donne tout consentement à cette force d'âme et à cette bonté d'homme.

Il répète à satiété : Nous avons été grands, nous voulons avoir été très grands. Il s'est accompli, sur le plan mystique où il s'était placé. Sa fin le dépouille de toute médiocrité : il est nu, devant l'ennemi, vêtu d'honneur et de vérité seulement, de triomphe et de sacrifice.

Être grand : c'est le vœu de toute sa vie. Les saints et les héros ne vivent que pour la gloire. Ils entendent mourir pour vivre à jamais. On ne cherche que la vie éternelle. On se donne à la mort pour s'assurer l'immortalité. On ne s'immole tout à fait dans le présent, et dans sa part éphémère, qu'à ce qui dure toujours et que le temps ne peut toucher. *Mors mea, mea vita*.

Péguy voulait la grandeur : elle est venue vers lui, dans le feu, sur le champ de bataille le plus illustre de l'histoire. Il voulait être un héros : il le fut et il dort à Marathon. Il ne rêvait que d'être grand : il l'est.

[1] Par Alexandre Millerand, dans les *Œuvres complètes de Charles Péguy*.
[2] Par André Suarès.
[3] Par André Suarès, dans *Œuvres complètes de Charles Péguy*.